CD-ROM
付き

パワポ LGBTQ をはじめとする

セクシュアル マイノリティ授業

監著　宝塚大学 看護学部 教授 日高庸晴

少年写真新聞社

はじめに

「同性愛や性同一性障害の児童生徒はうちの学校にはいない」「当事者への対応経験はこれまでにない」と多くの先生方が言われますが、これまでに一度も受け持ったことがないと言い切ることは難しいと思います。

統計的に、少なくとも教室に1～2人は当事者の児童生徒がいると推定されていますから、1人も存在していない学校の存在それ自体が有り得ないとも言えるのです。これまでの教師生活で「カミングアウトされなかった」から「いなかった」のではなく、彼らが先生には「言えなかった」のかもしれません。

性的指向や性自認は人それぞれであり、その多様性は他者が判断できるものではありません。

教職員が性的指向や性自認の多様性をはじめとしてLGBTQについて何故学ぶ必要があるのか、それは教室に少なくとも1人はいるかもしれない当事者児童生徒の存在を意識化すると同時に、多様性に配慮した言動をしていけるようになるためです。授業を受けている児童生徒の中に当事者の存在があることをリアルに感じていないと、差別的な言動やからかいのネタを、つい口に出してしまうなどという弊害も起こり得ます。

本書には、小学生向け、中高生向け、教職員をはじめとする大人向けに、LGBTQをはじめとするセクシュアルマイノリティ（以下、LGBTQ）について知るための基礎資料とパワーポイント教材を収録しています。発達段階に応じて教える内容は変化しますので、小学生向けと中高生向けは構成内容や用いる言葉遣いを変えてあります。パワーポイント教材は、限られた授業時間で臨機応変に活用できるよう、複数の章に分けて組み合わせての活用が可能となっています。

また、教職員向けのパワーポイントには、筆者がこれまでに実施した1万人高校生調査やLGBTQ当事者を対象にした全国インターネット調査の結果を盛り込んであります。いじめ被害や自傷行為の経験率が他集団に比して高い現実がこれらの調査から示されており、教員研修等でご活用いただければ、先生方に当事者児童生徒が直面している現状を知っていただけるようになっています。

研修の実施を通じて先生方が多様性に配慮すると共に、多様性を尊重するポジティブな言動が出来るようになること、当事者児童生徒を傷つけるのみならず、偏見を助長させるような余計な一言を言ってしまう先生が1人でも減ること、その積み重ねが、学校を「誰にとっても安全な空間」とすることにまた一歩近づけます。性的指向や性自認の多様性の理解推進の取組のために、本書を是非ご活用ください。

宝塚大学看護学部　教授
日高 庸晴

目　次

本書の使い方…………………………………………………………………………………… 4

第1章
LGBTQをはじめとするセクシュアルマイノリティをとりまく現状 …………… 6

第2章
小学生対象の性的指向と性自認の多様性に関する教育……………………… 10
授業展開案……………………………………………………………………………………… 12
シナリオ1「みんなと"ちがう"は"へん"じゃない」…………………………………… 15
シナリオ2「さまざまな性」………………………………………………………………… 18
シナリオ3「好きになる性」………………………………………………………………… 21
資料……………………………………………………………………………………………… 24

第3章
中学生、高校生対象のLGBTQをはじめとするセクシュアルマイノリティ教育 …26
授業展開案……………………………………………………………………………………… 28
シナリオ1「セクシュアリティってなんだろう」………………………………………… 32
シナリオ2「性自認＝心の性とは？」（性自認・前編）………………………………… 35
シナリオ3「性自認／性同一性障害とは」（性自認・後編）…………………………… 38
シナリオ4「性的指向／LGBとは」（性的指向・前編）………………………………… 41
シナリオ5「変わりゆく社会」（性的指向・後編）……………………………………… 44
シナリオ6「多様性を認め合うことの大切さ」（性別表現）…………………………… 47
シナリオ7「HIVとAIDS」…………………………………………………………………… 50
資料……………………………………………………………………………………………… 53

第4章
多様な性を考える授業を行う前に～学校の先生方へ～ ……………………… 60
シナリオ1「セクシュアルマイノリティとは」…………………………………………… 62
シナリオ2「学校でできるサポートと注意点（トランスジェンダー）」……………… 65
シナリオ3「学校でできるサポートと注意点（性的指向）」…………………………… 68

資料……………………………………………………………………………………………… 71
CD-ROMの使い方／構成 …………………………………………………………………… 78

本書の使い方

・本書に収録されているパワーポイントや配布用資料、ワークシートなどはすべて付属CD-ROMに収録されています。（こちらのマークが目印→ 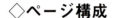 ）
・パワーポイントはひとつのテーマに対して6枚のスライドで構成されています。授業時間の都合や児童生徒の理解度に合わせて、組み合わせて使用することができます。

◇ページ構成

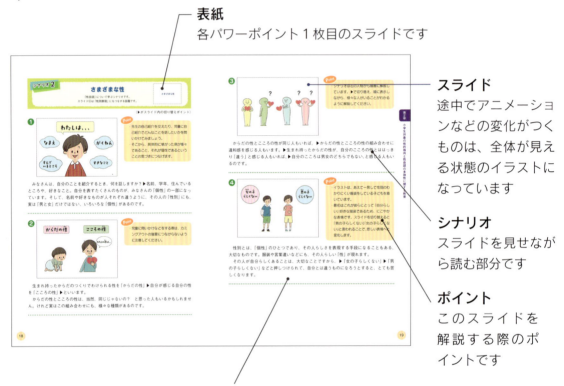

▶は、スライドを変化させるタイミングを示しています。
シナリオを読みながら▶のタイミングでクリックをすると、スライドが変化します。

注：本書に掲載しているすべてのパワーポイントシナリオ、ワークシートや配布用資料、グラフ、イラスト及び付属のCD-ROMに収録しているデータは、営利目的での利用はできません。学校内での使用、児童生徒や教職員、保護者向けに使用する教育利用が目的であればご自由にお使いいただけます。
それ以外が目的の使用、ならびにインターネット上での使用（メール添付による転送、教材サイトなどへの共有など）はできません。

◇パワーポイント

- パワーポイントのファイルは図のように表示されます。PCをプロジェクターに接続すると、スライドを投影させることができます（PCとプロジェクターの接続についてはお使いの機器の取扱説明書をご確認ください）。
- CD-ROMのデータでは、パワーポイント内の「ノート」の部分に、読み上げるシナリオデータが入っています。
- シナリオは実際の授業ですぐにお使いいただけるよう、口語体で作成しています。
- シナリオ内に▶がある場合は、クリックをすることでスライドが変化します。
- ワークシートや配布用資料についてもCD-ROMにPDFを収録しています。パワーポイント資料と併せてご活用ください。

※「CR-ROMの使い方」「CD-ROMの構成」についてはp78、79をご覧ください。

パワーポイントの使い方Q&A

イラスト
Q：イラストの大きさを変更することはできますか？
A：変更したいイラストを選択して、イラストの大きさ、角度、位置が変更できます。

印刷
Q：スライドとシナリオ部分を同時印刷することはできますか？
A：メニューの「ファイル」→「印刷」→「設定」で印刷したいレイアウトを選択できます。

その他
Q：子どもたちに見えないようにシナリオを確認しながら指導できますか？
A：プレゼンテーションに使用する機器に、複数のモニターを使用する機能があれば可能です。プロジェクターとPCをつなぎ、メニューの「スライドショー」→「発表者ツールを使用する」にチェック→「スライドショーの開始」をクリックします。プロジェクターにはスライドが表示されますが、手元のパソコンには画面の左にスライド、右にシナリオ、下に縮小されたスライド一覧が表示されます。シナリオの文字は読みやすい大きさに拡大縮小することができます。

Q：文字にルビをつけることができますか？
A：直接つけることはできません。メニューの「挿入」からテキストの「テキストボックス」を選択して、ルビを入力し、文字の位置に配置することでルビのように見せることは可能です。

その他ご不明な点がありましたら、「ヘルプ」機能をご活用ください。
パワーポイント画面を開いて、キーボードのF1を押すと、ヘルプ画面が出てきます。調べたいキーワードを入力すると関連する項目が出てきますので、目的のものを選択して活用します。

第1章

LGBTQをはじめとする セクシュアルマイノリティを とりまく現状

■ セクシュアルマイノリティ教育が必要とされる理由

　2015年4月30日に文部科学省より「性同一性障害に係る児童生徒に対するきめ細かな対応の実施等について」という通知が出されました。これをきっかけに、学校現場におけるLGBTQをはじめとするセクシュアルマイノリティに関する対応の必要性が認識されるようになり、児童生徒に向けたセクシュアルマイノリティ教育への関心も高まっています。

　これまでに国内で筆者が実施した調査研究によれば、LGBTQの児童生徒の直面しているいじめ被害や自傷行為、自殺念慮や自殺未遂といった思春期における危機的なライフイベントの発生率は、異性愛集団と比較すると高率であることが明らかになっています。とりわけ、ゲイ・バイセクシュアル男性の自殺未遂リスクは異性愛男性と比して約6倍であり、学校で正しい知識と理解を促す取り組み、多様性尊重の涵養が求められます。

　筆者の調査結果のみならず、国内外の複数の調査結果からも、セクシュアルマイノリティ当事者は、学校生活において、いじめの被害者となる・不登校・自傷行為を経験している率が高いことが明らかになっているのです（p.76参照）。2012年に内閣府より発表された「自殺総合対策大綱」には、自殺リスクの高い層のひとつとしてセクシュアルマイノリティが挙げられています。また、2017年に2度目の見直しがされた「自殺総合対策大綱」には文部科学省が取り組む課題として「社会や地域の無理解や偏見等の社会的要因によって自殺念慮を抱えることもあることから、性的マイノリティに対する教職員の理解を促進するとともに、学校における適切な教育相談の実施等を促す【文部科学省】」と明示されています。

　つまり、セクシュアルマイノリティへの配慮は児童生徒の命を守るための取り組みでもあるのです。

　また、学校現場で、特に学齢期の早い段階から多様性について肯定的なメッセージを受け取ることは、セクシュアルマイノリティ当事者である子どもたちの自尊心や自己肯定感を高めていくことのみならず、当事者ではない子どもたちにおいても、人権感覚を養う貴重な機会となるでしょう。

　差別や偏見によって子どもたちが傷つくことがないよう、学校現場が最前線となって、多様性を尊重する環境づくりをしていくことが今まさに求められています。

■ LGBTを知っていますか

　学校現場におけるセクシュアルマイノリティへの配慮は、LGBTという言葉の認知度の高まりとともに進んできたといえるでしょう。しかしその言葉の本来の意味は、まだまだ周知されているとはいえません。LGBTとは、

L＝レズビアン（女性同性愛者）
G＝ゲイ（男性同性愛者）
B＝バイセクシュアル（両性愛者）
T＝トランスジェンダー（生まれたときの体の性とは異なる性を生きる人たちの総称）

以上４つの言葉の頭文字をとって略したものです。ここに「Q＝クエスチョニング（自分の性のあり方を探している状態にある人）」を加えて「LGBTQ」と表すこともあります。

　この言葉が認知されるようになったのは良いことですが、現在の日本ではセクシュアルマイノリティ（性的少数者）全体を表す呼称のように使われてしまうことが少なくありません。

　そのため、性的指向（恋愛や性愛の対象となる性／好きになる性）にまつわるセクシュアルマイノリティであるLGBと、性自認（自分自身の性の捉え方／心の性）に関するセクシュアルマイノリティであるTについて、混同した表現も多々見受けられます。

　これらは当事者にとっては根本的かつ大きな違いです。そして、性的指向や性自認といったセクシュアリティは、その人自身のあり方に深く関わる、とても重要なものです。早い人であれば小学校低学年の学齢期から、思春期にかけての年頃は、自らのセクシュアリティに初めて気づき、迷ったり、悩んだりする時期でもあります。

　学校現場の先生方がL／G／B／Tはもとより、性的指向と性自認の違いを理解していないことを知れば、当事者の児童生徒は「この先生には理解してもらえないだろう」と感じてしまうでしょう。

　学校現場には、性的指向と性自認の双方に配慮した環境整備が求められます。「うちの学校には当事者の児童生徒がいないから」と思う先生もいるかもしれません。しかし、日本におけるセクシュアルマイノリティ当事者は20人に１人程度と、その人口規模が推定されている現在、教室に少なくとも１人～２人は当事者の児童生徒がいる可能性があります。

　つまり「自分は出会ったことがない」と思っている先生方も知らないうちに出会っているはずなのです。出会ったことがないと感じているのは、言わないでいる・言えないでいる当事者の児童生徒が圧倒的だからです。

　それは日本が未だに、自らのセクシュアリティをオープンにして暮らすことが難しい国だからでもあります。LGBTQをはじめとするセクシュアルマイノリティの人々は、社会的にその数は少数であったとしても、いつの時代も存在しています。

教師の側から当事者の児童生徒を探し出すようなことをするのではなく、当該児童生徒が教室にいる可能性を常に想定し、何かあったら打ち明けてもらえる存在に先生自身がなること、人と違うことは、おかしなことではない、性的指向と性自認の多様性についてポジティブな明るいメッセージを児童生徒に送り続けることが重要です。そして、そのための環境整備を、管理職の理解と協力のもとに学校全体で連携し、推進することが急務といえます。

2002年	法務省	人権教育・啓発に関する基本計画	「同性愛者への差別といった性的指向に係る問題や新たに生起する人権問題など、その他の課題についても、それぞれの問題状況に応じて、その解決に資する施策の検討を行う」と記載。
2003年	法務省	性同一性障害者の性別の取扱いの特例に関する法律	一定の条件を満たせば、戸籍上の性別を変更することが可能になった。 ※2004〜2018年3月末までに、8,161名の性別が変更された（法務省戸籍統計より）
2008年	文部科学省	人権教育の指導方法等の在り方について	その他の人権課題として「性的指向を理由とする偏見・差別」や「性同一性障害者の人権」が示されている。
2010年	文部科学省	児童生徒が抱える問題に対しての教育相談の徹底について	性同一性障害に係る児童生徒については、その心情等に十分配慮した対応を要請。
2010年	内閣府	子ども・若者育成支援推進本部	性同一性障害や性的指向を理由として困難な状況に置かれている者等特に配慮が必要な子ども・若者に対する偏見・差別をなくし、理解を深めるための啓発活動を行うと明記。
2012年	内閣府	自殺総合対策大綱改正	自殺念慮の割合等が高いことが指摘されている性的マイノリティについて、無理解や偏見等がその背景にある社会的要因のひとつであると捉えて、教職員の理解を促進する。
2013年	文部科学省	学校における性同一性障害に係る対応に関する状況調査	学校における性同一性障害に係る対応を充実させるために、学校における性同一性障害に係る対応に関する現状把握を行った。
2015年	文部科学省	性同一性障害に係る児童生徒に対するきめ細かな対応の実施等について	「学校における性同一性障害に係る対応に関する状況調査」を受け、さらに性同一性障害に係る児童生徒や「性的マイノリティ」とされる児童生徒に対する相談体制等の充実を求めている。
2015年	内閣府	第4次男女共同参画基本計画	性的指向や性同一性障害、女性であることで複合的に困難な状況に置かれている方々への対応について記載。
2016年	文部科学省	性同一性障害や性的指向・性自認に係る、児童生徒に対するきめ細かな対応等の実施について（教職員向け）	性同一性障害や性的指向・性自認に係る、児童生徒に対するきめ細かな対応等の実施について、教職員の理解を促進することを目的とした教職員向けの周知資料を作成して公表した。
2017年	文部科学省	いじめ防止対策推進法「いじめの防止等のための基本的な方針」改定	性的指向・性自認以外の課題も含め、「学校として特に配慮が必要な児童生徒については、日常的に、児童生徒の特性を踏まえた適切な支援を行うとともに、保護者の連携、周囲の児童生徒に対する必要な指導を組織的に行う」としている。
2017年	厚生労働省	児童養護施設等におけるいわゆる「性的マイノリティ」の子どもに対するきめ細やかな対応の実施等について	児童養護施設等においては、子どもに関する問題や特性が多様化しており、より個別的・専門的な対応が必要となっているため、性同一性障害等のいわゆる「性的マイノリティ」とされる子どもに対しても、同様の丁寧な対応が必要と考えられると明記されている。
2018年	法務省	啓発活動強調事項	強調事項17項目の中に、性的指向、性自認を理由とする偏見や差別をなくすことが挙げられている。

性自認と性的指向に関連する国の動き

■ 社会の変化

　LGBTQをはじめとするセクシュアルマイノリティの存在について、メディアで取り上げられることが増え、国や自治体による取り組みも始まっています。

《LGB=同性愛・両性愛について》

　2014年にオリンピック憲章が改正され、性的指向による差別禁止が明記されました。2015年には東京都の渋谷区「パートナーシップ証明書」と世田谷区「パートナーシップ宣誓書」が開始され、この流れは日本全国へと波及、多数の自治体で同様の取り組みが始まっています。

　法務省の「主な人権課題」に「性的指向」や「性同一性障害」が明記されていることから、現在では国内の人権課題として認識されつつあることがわかります。しかし、現状では法制度の整備など不十分な点も多々あり、不適切な差別的扱いを受けることもあるのが現状です。

《T=トランスジェンダーについて》

　2003年に成立した「性同一性障害者の性別の取扱いの特例に関する法律」が翌2004年に施行され、一定の要件を満たすことで戸籍上の性別変更が可能となりました。

　しかし、現在に至るまで日本国内のトランスジェンダーをめぐる対応や取り組みは「性同一性障害」に対する対応と混同されています。性同一性障害という診断名は、あくまでもトランスジェンダーの中の一部の人であり、この点へのさらなる理解の推進は今後の課題です。このことについて、本書では第4章で詳しく扱っています。

■ この本の構成

　近年では、性的指向・性自認＝「Sexual Orientation and Gender Identity」の頭文字をとった「SOGI（ソジ、ソギ）」という言葉も広がりつつあります。LGB=性的指向、T=性自認という順番が覚えやすいこともあり本書では「性的指向・性自認」と表記しています。

　ただし、児童生徒への授業を行う際は、先に性自認について解説をしておくことで、性的指向は体の性ではなく性自認に基づいたものであるということが理解しやすくなるため、パワーポイント資料は「性自認」→「性的指向」の順に収録しています。

第2章

小学生対象の性的指向と性自認の多様性に関する教育

■ 小学生の年代における性的指向・性自認

《性的指向について》

　現行の小学校向けの学習指導要領には、「思春期になると異性への関心が芽生える（体育）」とされています。しかし児童にとっては生活の大半を占める学校で、世の中には異性愛者しかいないかのように伝えることは、LGBTQをはじめとするセクシュアルマイノリティ当事者の児童にとって「自分は間違っているのだろうか」と悩むきっかけになったり、自分たちが「いないものとして扱われた」という疎外感を持ったりしかねません。

・自分と異なる性別の人を好きになることもあれば、同じ性別の人を好きになることもあるということ
・どんな性別の人を好きでも、誰かを好きになる気持ちに違いはないこと
・ほかの人の性のあり方についてからかったり、ばかにしたりすることは相手を傷つける行為であること

などについて日常の学校生活であらかじめ伝えておくことが、自分自身の性的指向や性自認が明確でなかったり、迷いや不安を抱えている児童の助けになります。

　また、多様性を尊重した授業を行うことは、すべての子どもたちの中に多様性を尊重する心を養うためにも大切なことです。

《性自認について》

　一般的に「物心がつく」といわれている3、4歳頃に、多くの人は自分の性を意識し始めるといわれています。また、社会性が芽生え、好きなもの、嫌いなものがはっきりしてくる年齢でもあります。

　性別違和感を持ち始める時期には個人差がありますが、例えば、岡山大学ジェンダークリニックを受診した性同一性障害当事者が、性別違和感を自覚した時期は、「物心がついた頃」が半数以上、「中学生まで」で約9割を占めていました。[1]

※1　中塚幹也 著『封じ込められた子ども、その心を聴く 性同一性障害の生徒に向き合う』ふくろう出版刊

つまり小学生の頃には、自分自身の性別あるいは体への戸惑いや違和感、性別認識の揺らぎなどを経験している場合もあれば、まだ何も気づいていない場合もあり得るのです。

　小学生に「性自認」について伝える際には、悩んだり性別認識に揺らぎがある児童がいたりすることも想定して、

> ・好きな遊び、したい服装などは人それぞれであること
> ・自分が認識する「こころの性」と「からだの性」が違うと感じる人もいること
> ・男らしさや女らしさを他人に押しつけないこと

など、学年に合わせて伝えるとよいでしょう。

　また、小学校から中学校へ進学する際、制服を選ぶ段階になって初めて性別違和感を持つ場合もあります。例えば、それまでは男子児童と一緒に活発に外遊びやスポーツを楽しんでいた女子児童が、中学校で「スカートの制服」に直面するなどという場面です。児童から相談があった場合は、本人の確認・了承を必ずとったうえで保護者などと連携し、本人の要望を踏まえた対応に関する情報共有を進学先と行いましょう。小学校から申し送りをきちんとしておくことで、本人は安心して進学することができるでしょう。

■ 配慮と支援のポイント

　学校が把握できていない、自分の悩みを打ち明けられずにいる児童がいる可能性を、常に考慮に入れて接することが大切です。

　そのためには教職員間での意識統一が欠かせません。髪型や服装、好む遊びや色を見て「男らしくない」「女らしくない」などと言って「らしさ」を押しつけてしまっていないか、先生同士で確認し合う機会を持つとよいでしょう。

　また、現代は家庭環境も多様化しています。セクシュアルマイノリティのみならず、常に多様性を意識して子どもたちと接することが求められます。

・同性愛、両性愛（LGBQ）の児童生徒への対応のポイント→p.71
・性別違和感を持つ児童生徒への対応→p.73

小学生におすすめ「多様な性を学ぶ本」

『もっと知りたい！話したい！セクシュアルマイノリティ ありのままのきみがいい』（全3巻）
日高庸晴 著／サカイノビー 絵、汐文社刊

『RED あかくてあおいクレヨンのはなし』マイケル・ホール 作／上田勢子 訳、子どもの未来社刊

『タンタンタンゴはパパふたり』ジャスティン・リチャードソン 文　ピーター・パーネル 文／ ヘンリー・コール 絵／ 尾辻かな子・前田和男 訳、ポット出版刊

『レインボーフラッグ誕生物語』ロブ・サンダース 作／スティーブン・サレルノ 絵／日高庸晴 訳、汐文社刊

『いろいろ いろんな かぞくの ほん』メアリ・ホフマン 作／ロス・アスクィス 絵／ 杉本詠美 訳、少年写真新聞社刊

第2章　小学生対象の性的指向と性自認の多様性に関する教育

授 業 展 開 案

■ パワーポイントを使用した「さまざまな性を考える授業」展開案

　本書には、小学生向けのパワーポイント資料として全部で3本のシナリオを収録しています。

シナリオ1（p.15〜）「みんなと"ちがう"は"へん"じゃない」
　　　　　　　　　　　　　　　… 少数者／多数者（低・中学年向け）
シナリオ2（p.18〜）「さまざまな性」… 性自認（高学年向け）
シナリオ3（p.21〜）「好きになる性」… 性的指向（高学年向け）

※対象学年はあくまでも目安です

　1つのシナリオは10〜15分での実施を想定しています。必要に応じて組み合わせて使用してください。

《紹介している展開案》
・授業案1（低〜中学年向け）（p.13）
　「（　　　）のすきないろ」を発表するグループワークを行った後、シナリオ1を実施する。

・活用例
　シナリオ1〜3については活用法を紹介しています（p.14）。また、事前・事後アンケート用紙（p.25）も収録しています。

《授業を行う場合の留意点》
・クラス内にも当事者がいるという前提で授業を行う。
・児童が少数者（マイノリティ）／多数者（マジョリティ）のどちらの気持ちも想像できるように促す。
・問題のある発言があった場合は、人を傷つける言葉は暴力であると示しつつ、学習の機会としてクラス全体で考えることを促す。

授業案（低〜中学年向け）

1）主題
「みんなと"ちがう"は"へん"じゃない」

2）準備するもの
・シナリオ１　（p.15 〜 p.17）
・資料「（　　　　）のすきないろ」(p.24)

3）ねらい
・誰でも少数者（マイノリティ）の側面があるということを学ぶ
・お互いの「ちがい」を大切にすること（多様性の尊重）を学ぶ

4）展開

学習内容	指導上の留意点
1）導入 ・「みなさんの好きな色はなんですか？」と問いかける ・「みなさんの好きな色を紹介してみましょう」と提案する	→できるだけ様々な色を挙げてもらう →着ている服や筆箱の色を見る、でも好きな色がほかにもあるかもしれない
2）展開 ・プリント「（　　　　）のすきないろ」を配布し、好きな色を塗ってみよう、と提案する ・色塗りが終わったら、黒板などに貼り出しながら気づいたことを話し合う	→各自のクレヨンなどを使用して色を塗る →模様をつけたりいろんな色を使ったりしてもよい、好きなように色をつける 例）「いろんな色がある」「好きな色が同じ人もいる」「好きな色は人それぞれ」など
3）視聴（約10分） パワーポイント「みんなと"ちがう"は"へん"じゃない」を実施	→実施中の留意点についてはp.15 〜 p.17のPoint参照
4）まとめ ・「（　　　　）のすきないろ」を振り返りながら、それぞれ、自分の「好き」が大切であること、その気持ちを大切にしてほしいことを伝える ・誰もがみんなと違うところを持っていることを知る ・友だちとお互いの「好き」を大事にできると嬉しいということを知る	

第2章

小学生対象の性的指向と性自認の多様性に関する教育

現場の先生から シナリオ活用についてのアドバイス

　小学校は1年生から6年生まで、6年間という大きな成長の幅があるため、学年によって言葉の理解も情緒の発達も大きく違っています。児童の実態に合わせて資料を組み合わせて使うのがよいでしょう。

■ シナリオ1

　低学年の場合はワークシート「（　　　）のすきないろ」などを活用し、体験を通して学ぶ機会とします。子どもたちに好きな色を塗らせることで、子どもたちは一人ひとりの違いに目を輝かせることでしょう。そのような体験をしてからパワーポイントを見ることで、お互いの「自分らしさ」を尊重することの大切さがより伝わると思います。

　3年生以降は少しずつ抽象的な思考や論理的な思考ができるようになってくるため、ワークシートを低学年で行い、3年生になってからシナリオ1を実施して、学びを深めるのもよいでしょう。

■ シナリオ2、3

　シナリオ2は「性自認」、シナリオ3は「性的指向」についての学びの側面が強いシナリオです。

　シナリオ2−スライド④（p.19、「男らしさ」「女らしさ」について）などは、先に児童たちのこれまでの経験を問いかけ、意見を交わしましょう。近年は保護者の意識も随分と変化して、「男らしく」とか「女らしく」と言われたことのない子どもの方が多いことも少なくありません。シナリオ3については、保健体育の学びに合わせて活用が可能です。

　高学年向けには事前・事後アンケート（p.25）も用意しています。ただしこれらのアンケートを行う際は、児童の悩みや個人情報が含まれるため、授業担当者のみの閲覧にする／無記名で行うなどの配慮が必要です。

■ 授業展開でのアレンジ

　シナリオをそのほかの資料などと組み合わせて活用することも可能です。
性の多様性についての新聞記事や、絵本、当事者の手記などを活用するのもよいでしょう。当事者の手記は本書にも収録しています（p.54）。

　→児童に紹介したい参考図書（p.11）

シナリオ1　みんなと"ちがう"は"へん"じゃない

多数者／少数者という概念や、自分と異なる考え方を持つ人との接し方について学ぶシナリオです。自分の個性を自分で大切にすること、他者の個性を尊重することを学びます。

みんなと"ちがう"は"へん"じゃない

（▶がスライド内の切り替えポイント）

Point
- セクシュアリティに限らず、自分と他者の「違い」をお互いに受け入れることの大切さを伝えるスライドです。
- ここでは、主人公（左側）はこの場の「少数者（マイノリティ）」に属しています。

　自分は黄色が好きなのに、自分以外の人がみんな「赤色が好き」と答えたら、皆さんはどう思うでしょうか？

　自分の好みは、変わっているのかな、おかしいのかな、と考えたり、少し不安になったりすることもあるかもしれません。

Point
- 行動することで、同じ「好き」を持っている人に出会う場面です。
- 同様に、行動することで、同じ「悩み」や「目標」を持つ人にも出会えるということを併せて伝えるのもよいでしょう。

　でも自分の好きなものや、自分の大切なものが「みんな」と違うことは、おかしなことではありません。誰よりも自分の「自分らしさ」を大切にできるのは自分自身です。少し世界を広げてみれば、きっと仲間が見つかります。大人になれば、仲間を見つけるのは、今より簡単になるでしょう。

第2章　小学生対象の性的指向と性自認の多様性に関する教育

❸

> **Point**
> ・「自分が好きなものを大事にする」ことは、とても良いことであると伝える場面です。
> ・自分らしくあることの大切さに気づくことで、他者もまた、大切にしているものがあることを学びます。

　自分の「みんな」と違う部分は、自分で「いいね」と言ってあげましょう。
　自分の好きを大切にすることができれば、自分とは好きになるものが違う人と出会ったときにも、▶お互いの好きを「いいね」と言い合うことができるのではないでしょうか。

❹

> **Point**
> ・自分と違うものが好きで盛り上がっている人同士を見て、羨ましく思ったり、「こっちの方がいいのに」と違和感を感じたりすることは、多数者(マジョリティ)／少数者(マイノリティ)どちらの立場にも感情移入できる話題です。
> ・こんなときどんなふうに思うか……という問いかけをしてみるのもよいでしょう。

　時には、自分には理解できないものを「こわい」と感じたり、否定したくなったりすることもあるかもしれません。けれどそれも相手にとっては大切な、大事にしたい「自分らしさ」なのです。
　今はわからなくても、自分が成長して世界が広くなるうちに、わかるようになることは増えていきます。だから、わからないからと言って、すぐに否定するのではなく、相手の気持ちやその人にとっての「自分らしさ」を大切にすることから、始めてみましょう。

❺

Point
・これまでのスライドでは、みんなが好きなものを看板のように掲げていました。しかし現実では、その人はどんな人かは見た目だけではわかりません。
・世界には様々な人がいて、その人たちが何を大切にしているのかはわからないからこそ、それを教えること／教えてもらうことは、信頼関係に基づいたものであるということを伝えてください。

　世界にはたくさんの人がいて、それぞれに大切なものを持っています。
　けれど、人が何を大切にしているのかは目には見えないものです。
　だから、もしも友だちがそれを教えてくれたら、それは友だちがあなたを信頼してくれているからです。話してくれた相手の気持ちを考えながら、聞きましょう。

❻

Point
・イラストは、自分が自分であるために大切なものを自ら大切にしている様子です。
・自分を大切にすることで、相手のことも大切にできるということを伝える場面になっています。

　誰だって、自分が自分であるために大切なものがあります。それを笑ったり、ばかにされたりしたら、傷つきます。
　反対に、お互いにお互いの「自分らしさ」を大切にできたら、きっと世界はもっと素敵になるでしょう。

シナリオ 2　さまざまな性

「性自認」について学ぶシナリオです。
スライド④は「性別表現」にもつながる話題です。

さまざまな性

（▶がスライド内の切り替えポイント）

❶

Point
・先生の自己紹介を交えたり、児童に自己紹介でどんなことを話したいかを問いかけてみましょう。
・そこから、具体的に挙がった例が様々であること、それが個性であるということの気づきにつなげます。

　みなさんは、自分のことを紹介するとき、何を話しますか？▶名前、学年、住んでいるところや、好きなこと。自分を表すたくさんのものが、みなさんの「個性」の一部になっています。そして、名前や好きなものが人それぞれ違うように、その人の「性別」にも、実は「男と女」だけではない、いろいろな「個性」があるのです。

❷

Point
・児童に問いかけなどをする際は、カミングアウトの強要につながらないように注意してください。

　生まれ持ったからだのつくりでわけられる性を「からだの性」▶自分が感じる自分の性を「こころの性」▶といいます。
　からだの性とこころの性は、当然、同じじゃないの？　と思った人もいるかもしれません。けれど実はこの組み合わせにも、様々な種類があるのです。

Point
・シナリオは左の人物から順番に解説しています。▶で切り替え、順に表示しながら、様々な人がいることがわかるように解説してください。

　からだの性とこころの性が同じ人もいれば、▶からだの性とこころの性の組み合わせに違和感を感じる人もいます。▶生まれ持ったからだの性が、自分のこころの性とははっきり「違う」と感じる人もいれば、▶自分のこころは男女のどちらでもない、と感じる人もいるのです。

Point
・イラストは、あえて一見して性別のわかりにくい服装をしている子どもを描いています。
・最初はこれが彼らにとって「自分らしい」好きな服装であるため、にこやかな表情です。スライドを切り替えると「男の子らしくない」「女の子らしくない」と言われることで、悲しい表情へと変化します。

　性別とは、「個性」のひとつであり、その人らしさを表現する手段になることもある、大切なものです。服装や言葉遣いなどにも、その人らしい「性」が現れます。
　その人が自分らしくあることは、大切なことですから、▶「女の子らしくない」「男の子らしくない」などと押しつけられて、自分とは違うものになろうとすると、とても苦しくなります。

第2章　小学生対象の性的指向と性自認の多様性に関する教育

19

> **Point**
> ・左のイラストは「性別を問わずに使えるトイレ」のサインの例です。
> ・右のイラストは女子生徒もスラックススタイルの制服を選択できる学校の例です。この例以外にも私服で登校できる学校など、様々な選択肢があることを伝えましょう。

　今、世の中は一人ひとり、すべての人が自分が生きたい性で過ごせるように変化しつつあります。制服の組み合わせが選べる学校や、性別を問わずに使えるトイレが設置されているところもあります。一定の条件を満たせば、名前や、生まれたときの性で登録されている「戸籍」を変えることもできます。

> **Point**
> ・身近な人には相談できる人がいないという気持ちでインターネットなどを頼り、トラブルに巻き込まれるセクシュアルマイノリティの子どもたちは少なくありません。
> ・「この学校には相談できる先生がいる」ということを伝えることが大切です。

　みなさんはちょうど、からだが大きく成長するときです。時には自分の性のことで悩むこともあるでしょう。困ったときは、一人で悩んでしまうのではなく、信頼のできる大人に相談してみましょう。

シナリオ 3

好きになる性

「性的指向」について学ぶシナリオです。

好きになる性

（▶がスライド内の切り替えポイント）

❶

Point
・教室には、「好きな人」ができたことがある人もない人も、どちらもいるのが前提です。
・イラストの登場人物が好きな相手の性別は、あえてわからないように表現しています。

　みなさんの年齢は、からだだけでなく、こころも変化していく時期です。この時期に、はじめて「好きな人」ができる人もいるでしょう。近くにいると、うれしくてドキドキしたり、ほかの人と仲良くして欲しくない、自分だけの友だちでいてほしいと思ったり、手をつないでみたくなったりすることがあるかもしれません。

❷

Point
・ここでも、イラストの人物が好きになる相手の性別は、あえてわからないように表現しています。
・児童たちに「好きになる相手」を想像してもらうのもよいかもしれません。ただし、その発表はカミングアウトの強要につながりかねないため、心の中にとどめるように配慮してください。

　ところで、みなさんが「好きになる相手」を思い浮かべたとき、思い浮かぶのはどんな人でしょうか？
　その人が気になって仕方なかったり、もっと仲よくなりたかったり、その人に触れてみたくなったりする。そうやって自分がひかれる相手の性を「好きになる性」といいます。

第2章　小学生対象の性的指向と性自認の多様性に関する教育

21

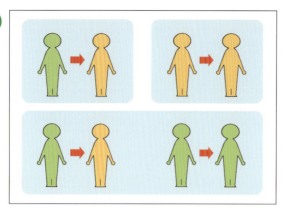

Point
・ここでは「異性愛」「同性愛」「両性愛」のくくりに分けています。そのため、緑色と黄色のどちらが女性で、どちらが男性とは定義していません。

　どんな人を好きになるかは、その人の「好み」によって違います。それと同じように好きになる性も人によって違うのです。
　自分と違う性の人を好きになる人だけではなく、自分と同じ性の人を好きになる人もいますし、どちらの性の人も好きになる、という人もいれば、どちらの性のことも好きにならないという人もいます。

Point
・好きな人がいる人も、好きな人ができたことのない人も、どちらも肯定するためのスライドです。
・好きな人がいる子（左側）も、好きな人ができたことはないけれど、打ち込むことがある子（右側）も、どちらも楽しそうにしている……というのがポイントです。

　もちろん、思春期になったからといって、すぐに「好きな人」ができるわけではありません。それもその人の大切な「個性」です。

❺

> Point
> ・冒頭の「自分はみんなと違うな」と感じている人物は、好きな人の話をして盛り上がっている友だちを前に疎外感を感じている右側の子をイメージしています。
> ・▶の切り替えで「そんなの変だよ」と言われた中央の子が悲しい表情へと変化します。ここで「自分の言葉が誰かを傷つけていないか」を、振り返ってみることを促しています。

　自分は「みんなと違うな」と思うと、不安や心配になることもあるかもしれません。
　そして、自分もみんなも「同じはずだ」と思っている人は、▶自分と感じ方が違う人が聞いたら傷つくようなことを言ってしまっているかもしれません。自分の言葉が誰かを傷つけていないか、振り返ってみることが大切です。

❻

> Point
> ・自分の好きなことをやって輝く人々の中に同性婚をした人の姿も入れることで、それぞれの幸せを求めて生きていくことができる……ということを伝えるスライドです。

　世界はあなたが知っているよりもずっと広く、そこにはとてもたくさんの人がいます。
　自分と同じ性でも、好きになる性が違ったり、友だちはたくさんいるけれど、誰かと触れ合いたいような「好き」という気持ちには興味がなかったりする人もいます。誰かを大切に思う気持ちはとても優しく、素敵なものです。「好きになる気持ち」を否定せずに、お互いにお互いの自分らしさを大切にできるようにしていきましょう。

資料：小学校低学年向け授業案

「　　　　　　のすきないろ」
　↑なまえ　を　かきましょう

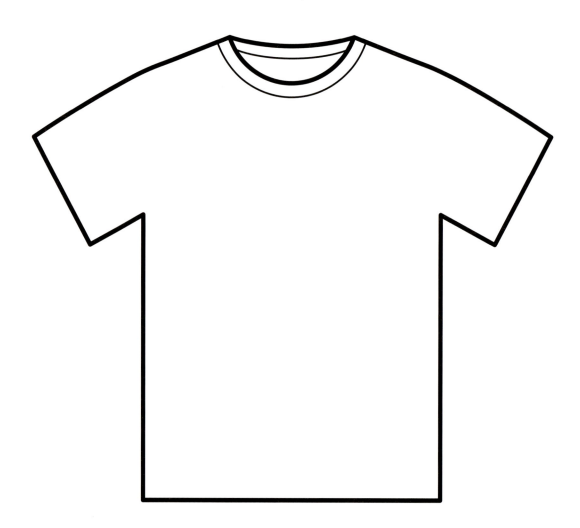

・このTシャツに、あなたの　すきないろを　ぬってください

資料　小学校高学年向け事前アンケート

- 事前にアンケートを行っておくことで、授業を行う際にどのような点に力を入れて説明をすべきかなどの参考になります。
- このアンケートの回答が児童のカミングアウトなどにつながる場合もあるため、回答用紙は、授業担当者のみが閲覧する／無記名で行うなどの工夫が必要です。

「これって "へん" なこと？」

以下の質問を読み、自分の考えに近いものに○をしてください。

(1) 右の絵で2人は「男の子で、ピンク色が好き」なことや、「女の子で、スカートは好きじゃない」ことに「男らしくない」「女らしくない」と言われていました。あなたはどう思いますか？　あてはまるものに○をして、そう思う理由を書いてください。

( ) そのとおりと思う
( ) だいたいそのとおりと思う
( ) あまりそう思わない
( ) まったくそう思わない

どうしてそう思いますか？

(2) この言葉についてあなたはどう思いますか？
・「男の子は男の子、女の子は女の子と友だちになるのがよい」
・「結婚は、男の人と女の人でするものだ」
あてはまるものに○をして、そう思う理由を書いてください。

( ) そのとおりと思う
( ) だいたいそのとおりと思う
( ) あまりそう思わない
( ) まったくそう思わない

どうしてそう思いますか？

資料　小学校高学年向け事後アンケート

- 児童の変容や感想を知ることができます。
- 授業を聞き、児童が相談したいと思った際に、アンケートがきっかけになる場合があります。
- 回答を集める際は、ほかの児童に回答が見えてしまわないように、工夫して回収することも必要です。

さまざまな性を考える授業を終えて

　　　　年　　組　氏名

1) 今日の授業は興味を持ってくることができましたか？

「はい」の人→どんなところに興味を持ちましたか？

「いいえ」の人→どんなところで興味を持てないと思いましたか？

2) 今日の授業で特に印象に残ったことを書いてください。

3) 今日の授業を通して感じたことを書いてください。

第3章

中学生、高校生対象の LGBTQをはじめとする セクシュアルマイノリティ教育

■ 中学生、高校生の年代における性的指向・性自認

《性的指向について》

「性的指向」とは恋愛や性的な関心の対象がどの性に向かっているかを表す言葉です。好みという意味合いの「嗜好」や、自ら進んで選ぶという意味を持つ「志向」ではなく、セクシュアリティの自然な方向性という意味の「指向」と表現されるため、間違いがないようにしましょう。

中高生の時期は、好きな人ができたり、他者に対する性的な関心が芽生えたり、逆にそういったことに関心を持てなかったり……といった経験を通じて、自分の性的指向を自覚していきます。性的指向がマジョリティ（多数者）と異なるマイノリティ（少数者）の場合、周囲の友人や家族との関係性が変化することを恐れ、誰にも言えずに悩むこともあります。そんなとき、世の中には様々な性的指向の人がいるという事実を提示することが、当事者の生徒にとって「自分だけじゃない」と気づき、不安を軽減するきっかけになります。

> ・同性を好きになる人は世界中にいること
> ・同性婚の制度を持つ国も世界中にあること

などを教えるとともに、アウティングについても伝えておきましょう。

自分のセクシュアリティについて他者に話すことをカミングアウトといいますが、カミングアウトを受けた人が本人の同意なく、その内容を第三者に話してしまうことを「アウティング」といいます。勝手に第三者に言いふらすアウティングは、信頼してカミングアウトした相手を、傷つける行為であると教えましょう。

マジョリティの性的指向との差異に気づきはじめている当事者生徒のためにも、学校の先生が率先して性的指向をからかうような発言をしないようにしなければなりません。そして、最も大切なことは生徒がいざというときに頼れる環境づくりをすることです。補足として信頼できる電話相談機関などの情報提供を、掲示物などで行うと効果的です（p.59参照）。

《性自認について》

　思春期になると、性ホルモンによって体つきにも変化が現れてきます。そのため、性自認と自分の体とのギャップに気づきやすい時期でもあります。LGBTQをはじめとするセクシュアルマイノリティ授業を行う際には、多様かつ様々な背景を持つ生徒が教室にいる可能性を念頭に行うことが大切です。

・生まれたときの体の性とは違う性で生きる人、生きたいと望む人をトランスジェンダーということ
・トランスジェンダーの中には、ホルモン治療や手術を行うことで体を性自認に合わせる人もいること
・性自認は「男」と「女」のどちらかにはっきりと分けられないと感じる人もいること
・インターネットなどの情報は誤っている場合もあるため、治療を受けたい場合は必ず専門医療機関に相談をすること

などの情報を伝えていきましょう。

　近年では、医師の診断を受けずに、インターネットを介してホルモン剤を購入し、副作用の問題を起こすなどのトラブルも起こっているため、相談しやすい環境づくりをすると同時に、信頼できる相談機関の情報提供ができるように、授業前に事前の準備をしておきましょう（p.59参照）。

《性別表現について》

　性的指向や性自認とともに、その人のセクシュアリティを構成する要素のひとつに「性別表現」があります。これは言葉遣いやファッションなどを通じて自分を表現する際に、どのように表現することを好むかということです。社会的に「男らしさ」「女らしさ」などと考えられているものに合わせるのではなく、自分が自分らしくいるために、どのように自分を表したいかという思いのことです。

　性自認と性別表現が必ずしも一致するとは限りませんから、その人のファッションや立ち居振る舞いだけを見て、その人の性的指向や性自認を知ることはできません。

■ 配慮と支援のポイント

　常に教室に１～２人は当事者の生徒がいる可能性を考え、からかいや無理解・偏見を含んだ差別的な発言を先生自身がしないように、生徒にさせないように気をつけなければいけません。

　例えば「同性愛は治療によって治せるものだ」と考える人もいますので、教員間の研修などでそういった誤解を事前に解いておくことが不可欠です。

　また、トランスジェンダーの生徒への対応は、マニュアルなどに沿うのではなく、その生徒の希望を聞き取ることから始めましょう（p.73参照）。

授 業 展 開 案

■パワーポイントを使用した「多様な性を考える授業」展開案

　1つのシナリオは10〜15分での実施を想定しています。必要に応じて組み合わせて使用してください。その際は、性的指向／性自認のどちらかの話題だけに限定して行うのではなく、短い時間で行う場合はシナリオ1の総論を選ぶなど、生徒が性的指向／性自認両方の考え方を学べるような配慮が必要です。

《紹介している展開案》

　ここでは全1回2時限分、全2回4時限分（入門編／ステップアップ編）の2種類の授業の展開案を紹介しています。

A）基礎的な内容（全1回／2時限／ p.29）

1時限目…1総論＋2性自認（前編）＋4性的指向（前編）の3本のシナリオ（パワポ）を実施

2時限目…「多数者（マジョリティ）／少数者（マイノリティ）」について考えるグループワーク

B）2学年などに分けて授業を行う場合（全2回／入門編2時限・ステップアップ編2時限／ p.30、31）

入門編

1時限目…1総論＋2性自認（前編）＋4性的指向（前編）の3本のシナリオ（パワポ）を実施

2時限目…当事者の手記を読むグループワーク

ステップアップ編

1時限目…3性自認（後編）＋5性的指向（後編）＋6性別表現の3本のシナリオ（パワポ）を実施

2時限目…「多数者（マジョリティ）／少数者（マイノリティ）」について考えるグループワーク

《授業を行う場合の留意点》

・クラス内にもセクシュアルマイノリティ当事者がいるかもしれないという前提で授業を行う。

・生徒に発表をさせる際は、カミングアウトの強要やアウティングにつながらないよう最大限に留意する。

・問題のある不規則発言があった場合は、人を傷つける言葉は暴力であると毅然とした態度を示しつつ、学習の機会としてクラス全体で考えることを促す。

・中学生では、図表の入るスライドなどを、一度に理解するのは難しい部分もあるため、必要に応じて、スライドの内容をプリントして配布しておく。

授業展開案A（2時限）

1）主題
「多数者（マジョリティ）／少数者（マイノリティ）について考える」

2）準備するもの
・パワーポイント1、2、4（p.32〜37、p.41〜43）
・ワークシート「多数者（マジョリティ）／少数者（マイノリティ）について考えてみよう」(p.53)

3）ねらい
・マイノリティがどのような思いでいるか、どんなことに不自由や違和感を感じているかを想像する
・自分にもマジョリティの側面／マイノリティの側面があることを知る

4）展開

学習内容	指導上の留意点
1）視聴（1時限目） パワーポイントを実施（シナリオ1＋2＋4）	→実施中の留意点についてはp.32〜37、p.41〜43のPoint参照
2）展開（2時限目） ・パワーポイントの内容を振り返る	→性的指向や性自認は誰にでもあり、人それぞれ異なるものだということ →マイノリティの側面は誰にでもあることを気づかせる
・ワークシート「多数者（マジョリティ）／少数者（マイノリティ）について考えてみよう」(p.53)を配布し、記入する	→自分について振り返りながら、マジョリティ／マイノリティどちらの視点も持てるように促す
・記入後、回答をいくつか発表してもらう	→大勢に告げるのはためらわれる内容であることも考えられるので、状況によっては先生が考えた内容を教室全体に示し、促すにとどめる
・セクシュアルマイノリティについての配慮の例を提示する	→スライドの中に出てきた例を挙げる（p.37/シナリオ2-⑥） →相手の立場に立って何が必要かを考えることの大切さを伝える
・まとめの資料を配布する	→学習を振り返るための資料を配布する（p.56〜57）
3）まとめ ・世の中には様々なセクシュアリティの人がいるということ、人それぞれに自分らしいあり方で生きることができる社会が目指されているということを伝える ・誰にでもマイノリティの側面があることを知り、マイノリティへの配慮をするというよりはむしろ「誰もが自分らしく生きることのできる社会」を目指したものであることを知る	

授業展開案B（2時間×2回）

1）主題
様々な「性のあり方」について学ぶ（入門編）

2）準備するもの
・パワーポイント1、2、4（p.32〜37、p.41〜43）
・資料「当事者の手記」（p.54）
・ワークシート（p.55）

3）ねらい
・性的指向と性自認とその多様性について学ぶ
・性は「自分らしさ」を構成する要素のひとつであることを知る
・誰もが自分らしく生きることができる社会と、そのために自分ができることについて考える

4）展開／入門編

学習内容	指導上の留意点
1）視聴（1時限目） 「1＋2＋4」を実施	実施中の留意点についてはp.32〜37、p.41〜43のPoint参照
2）展開（2時限目） ・パワーポイントの内容を振り返る	→性自認、性的指向について復習し、自分も多様な性の中の1人であることに気づく
・当事者の手記（p.54）を読み、感じたことをグループで話し合う	→誰でもマイノリティの側面があるという点から、自分がその立場であったらどのように感じるかを想像し、当事者の思いを学習できるように促す →セクシュアリティの詮索につながらないよう、状況によっては先生の問いかけに挙手して答えてもらうなどの形をとる
・話し合ったことを参考に、自分の考えをワークシート（p.55）に記入する ・まとめの資料を配布する	→学習を振り返るための資料を配布する（p.56〜57）
3）まとめ ・多様性を尊重する社会へと変化するためには何が必要かを考える ・性的指向と性自認について理解する ・身の回りにいる当事者が、「いないのではなく、（自分のことを）言えない」状況にあることを理解する ・当事者の手記を読み、自分の中にある偏見や思い込みに気づくことを、ひとつの到達点とする	

1）主題
様々な「性のあり方」について学ぶ（ステップアップ編）

2）準備するもの
・パワーポイント3、5、6（p.38～40、p.44～49）
・ワークシート「多数者（マジョリティ）／少数者（マイノリティ）について考えてみよう」
（p.53）

3）ねらい
・性自認、性的指向、性別表現について学ぶ
・性は「自分らしさ」を構成する要素のひとつであることを知る
・誰もが自分らしく生きることができる社会と、そのために自分ができることについて考える

4）展開／ステップアップ編

学習内容	指導上の留意点
1）視聴（1時限目） 「3＋5＋6」を実施	実施中の留意点についてはp.38～40、p.44～49のPoint参照
2）展開（2時限目） ・パワーポイントの内容を振り返る	→性自認、性的指向、性別表現について復習し、自分も多様な性を持つ1人であることに気づく →マイノリティの側面は誰にでもあることを気づかせる
・ワークシート「多数者（マジョリティ）／少数者（マイノリティ）について考えてみよう」（p.53）を配布し、記入する ・記入後、回答をいくつか発表してもらう	→自分について振り返りながら、マジョリティ／マイノリティどちらの視点も持てるように促す →大勢に告げるのはためらわれる内容であることも考えられるので、状況によっては先生が考えた内容を教室全体に示し、促すにとどめる
・セクシュアルマイノリティについての配慮の例を提示する	→参考p.37／シナリオ2-⑥ →相手の立場に立って何が必要かを考えることの大切さを伝える
3）まとめ ・世の中には様々なセクシュアリティの人がいるということ、人それぞれに自分らしいあり方で生きることができる社会が目指されているということを伝える ・誰にでもマイノリティの側面があることを知り、マイノリティへの配慮が自分に無関係ではなく、「誰もが自分らしく生きることのできる社会」を目指したものであることを知る	

シナリオ1 セクシュアリティってなんだろう

自分の「セクシュアリティ」について考えながら、LGBTQをはじめとするセクシュアルマイノリティのことを知る入門的なシナリオです。

セクシュアリティってなんだろう

（▶がスライド内の切り替えポイント）

❶

Point
・「セクシュアリティ」は、その人を構成する重要な要素の一つであることを解説するスライドです。
・「セクシュアリティが何か知っていますか？」と問いかけながら、次のスライドに向かうとよいでしょう。

　みなさんは自分を説明するとき、どうやって説明するでしょうか？　▶名前や年齢、住んでいる場所や通っている学校。趣味や将来の夢。自分を構成する要素はきっとたくさんあると思います。そして、誰もが持つ重要な要素のひとつに「セクシュアリティ」があります。

❷

体の性	生まれたときの体の性、外性器、内性器、二次性徴による外形的な特徴
性自認（心の性）	自分の性別をどのように認識しているか
性的指向（好きになる性）	恋愛感情や性的関心の対象がどの性に向いているか
性別表現	服装や言動などで表現されるその人らしさ

↓ セクシュアリティ

Point
・セクシュアリティの構成要素について説明するスライドです。
・資料（p.56）などを活用して復習できます。

　セクシュアリティを大きく4つの要素に分けたものが「体の性」「性自認」「性的指向」「性別表現」です。もしかしたらこれ以外にもあるかもしれません。
　体の性とは、生まれたときの体の性のことです。性自認とは、自分をどの性と感じるかという性別認識のことで、性的指向とは、恋をしたり相手に触れたい／触れられたいという気持ちがどの性に向いているかということです。性別表現とは、どのような表現を「自分らしい」と感じるかということです。
　これらが合わさった「その人のあり方」をセクシュアリティといいます。

32

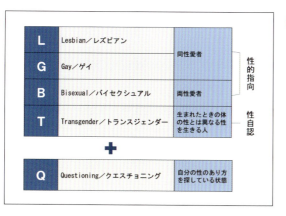

> **Point**
> ・スライド②で「性的指向」と「性自認」について学んでから見ることで、LGBは性的指向、Tは性自認についてのセクシュアルマイノリティであることがわかります。

　「LGBT」という言葉を知っていますか？　最近よく報道などで使われるようになったので、知っている人も多いかもしれません。

　これはL…レズビアン、G…ゲイ、B…バイセクシュアル、T…トランスジェンダーの頭文字を取った言葉です。先ほどの4つの要素で分けると、LGBは性的指向におけるセクシュアルマイノリティであり、Tは性自認におけるセクシュアルマイノリティです。マイノリティとは少数者という意味です。セクシュアルマイノリティはLGBTだけではありません。性的対象や恋愛対象となる性がないと感じる人もいます。さらに自分のセクシュアリティがはっきりしなかったり、揺れ動いている、そのあり方を探している状態をクエスチョニングといいます。

> **Point**
> ・左端の人物の問いかけに対する反応の例を提示することで、「身近な人の中にも、セクシュアルマイノリティの当事者や、その友人／親族がいる可能性」があることに気づき、自分のこととして振り返ってみるきっかけにするスライドです。

　多数者（マジョリティ）の人ばかりに囲まれて暮らしていると感じるマジョリティは、「自分の周りにマイノリティの人はいない」と考え、周囲の人がみんな自分と同じであるかのように発言したり、マイノリティの人が聞いたら傷つくような発言をしてしまったりすることがあります。▶そして、そのような言葉を聞いたマイノリティの人は、「自分について正直に打ち明けることはできない、黙っておこう」と考えるかもしれません。

❺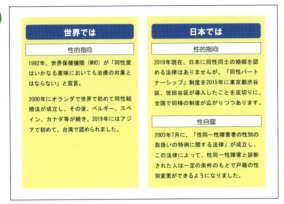

> **Point**
> ・セクシュアルマイノリティをめぐる世界の変化について解説したスライドです。
> ・これは実際に世界が変化しているということを伝えるとともに、当事者の生徒に向けて、「今は孤独だ」と感じていたとしても、「同じセクシュアリティの人にいつかは出会える」という希望を持ってもらうためのスライドでもあります。

　実際のところ、セクシュアルマイノリティの人は大勢存在しているということが、様々な調査結果から明らかになっています。そして今、セクシュアルマイノリティの人も自分らしく生きられる社会になるように、少しずつ変化が始まっています。

　性的指向に関わる話題では、1992年に世界保健機関（WHO）が「同性愛はいかなる意味においても治療の対象とはならない」と宣言しました。これ以前は、同性愛は精神疾患であると考えられていた時代があったためです。2000年にオランダで、世界で初めて同性結婚法が成立して以降、法的に同性婚を認める国や地域も増加しており、2019年に台湾はアジアで初めて同性婚を認めました。

　性自認に関わる話題では、2003年7月に、「性同一性障害者の性別の取扱いの特例に関する法律」（特例法）が成立、翌年施行され、この法律によって、性同一性障害と診断された人は一定の条件のもとで戸籍の性別変更ができるようになりました。

❻

> **Point**
> ・セクシュアリティに限らず、自分の「マジョリティ」の側面と「マイノリティ」の側面を振り返ることを促してみましょう。
> ・自分らしさを大切にして、相手らしさも認めることで、過ごしやすい社会ができていくという展望に繋げることがねらいです。

　自分の自分らしさから目を背けたり、否定したりするのは苦しいことです。自分らしさを自分で認めることは、ほかの人の「その人らしさ」を受け入れることにつながっていきます。

　今、世界はお互いの違いを尊重しながら生きる豊かな世界へと変化していく過程にあります。

> **シナリオ 2**　**性自認＝心の性とは？**（性自認・前編）
>
> 「性自認」について解説するスライドです。より詳しく解説した後編と併せて使うことも可能です。

（▶がスライド内の切り替えポイント）

❶

Point
・外見だけでは、その人の性自認まではわからないということを示すスライドです。
・最初に体のイラストだけを出し、その後▶で性自認（心の性）を持った状態のイラストに切り替えます。

　性は生まれ持った体だけでは決められないものです。それは、その人自身のあり方と深く関わるものだからです。▶自分が思う自分の性、それが「性自認／心の性」です。

❷

Point
・左の人物は「生まれ持った体の性と性自認が一致している人」、右の人物は「生まれた体の性と性自認が異なる人」を色で表しています。

　多くの人は、生まれ持った体の性と性自認が一致していますが、中にはそれが異なり、体の性に違和感を持つ人もいます。

　思春期は、体も心も大きく変化する時期です。自分について考え、体の成長に「男女の違い」が現れてくることをきっかけに、幼い頃からもやもやと抱えていた違和感がこの年頃で明確になるということもあります。

❸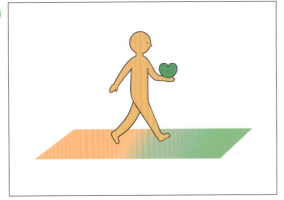

Point
・中央の人物が、自分の性自認の色へと歩いていく様子を表しています。

　生まれ持った体の性に当てはまらない性のあり方をする、生きたいと思う人のことを「トランスジェンダー」といいます。
　トランスジェンダーとは、「乗り越える／向こう側にいく」という意味を持つ「トランス」と、「性」を意味する「ジェンダー」との組み合わせでできた言葉です。

❹

Point
・トランスジェンダーの人々のコメントを読み上げたのちに、性別に違和感を持ち始めた年齢や、違和感の持ち方がそれぞれ違うことを確認するとよいでしょう。
・違和感のあり方がそれぞれ違うために、どうありたいのかも変わってくるということが想像できるとよいでしょう。

　トランスジェンダーの経験する出来事は人によって異なり、「性別違和感を持ち始める」、「生まれた体の性とは異なる性で生きたいと思い始める」年齢やきっかけは人それぞれですが、例えば、岡山大学ジェンダークリニックを受診した性同一性障害当事者が、性別違和感を自覚した時期は、「物心がついた頃」が半数以上、「中学生まで」で約9割を占めていました。※
　（ここでスライドの当事者コメントを読む）
　また、どういった点に違和感を持ち、そのためにどうしたか、どうしたいかも様々です。

※　中塚幹也 著『封じ込められた子ども、その心を聴く 性同一性障害の生徒に向き合う』ふくろう出版刊

Point
・性別違和感を持つ人が直面しがちな悩みについて、想像するためのスライドです。

　ほかにも、自分の性自認とは異なる性別の制服を着るのが苦痛だったり、どちらのトイレを使用すべきか迷ったり、日常生活には当事者でなければわからない苦労がたくさんあります。
　けれど社会は少しずつ変わり始めています。

Point
・スライド⑤を踏まえ、これらの問題点に対する様々な工夫が広がっていることを示すスライドです。
・性別を尋ねる必要のない書類の例などを出してもよいでしょう。
・選択可能な制服を用意している学校の場合は、トランスジェンダーの生徒に配慮しつつ、選択した制服を着用している生徒のセクシュアリティを詮索する流れにならないような配慮も必要でしょう（例えば防寒の観点からスラックスを選択することを認めておくなど）。

　自分らしくないと感じる生活をするのは苦しいことです。
　けれど現在は少しずつですが、自分が暮らしやすいように、周囲の環境を整えることが可能になってきています。
　困ったことがあったら一人で抱え込まず、信頼できる大人に相談してみましょう。

シナリオ 3 性自認／性同一性障害とは（性自認・後編）

トランスジェンダーとXジェンダー、性同一性障害について解説したシナリオです。基礎編となる前編と合わせて使うことも可能です。

❶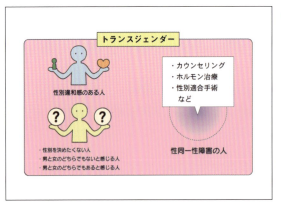

Point
・トランスジェンダーという枠組みの中にも様々な人がいるということを伝えるスライドです。
・性同一性障害はあくまでもトランスジェンダーの一部であるということが理解できるとよいでしょう。

　自分の性別や体に違和感があったり、自分の性別を決めたくなかったり、体の性で分けられる「男／女」の枠に当てはまらない性のあり方をする人のことを、トランスジェンダーといいます。

❷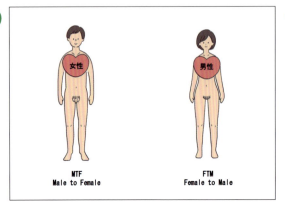

Point
・体の性と性自認が異なっていても、その状況をどうしたいと思っているかは人それぞれであるということを伝えるスライドです。
・手術をして、体と性自認を一致させたいと願う人もいれば、手術まではしなくてもいいけれど、髪型や服装は自分らしくいたい人、名前は変えたいと思っている人など、それぞれの人に自らの望む「あり方」があるのだということを説明するとよいでしょう。

　トランスジェンダーの中で、体は男性で生まれたけれど性自認（心の性）は女性という場合をMTF（Male to Female）、体は女性として生まれたけれど性自認は男性という場合をFTM（Female to Male）といいます。
　これらの人も、違和感の度合いや、これからどう生きていきたいかは当然、一人ひとり違っています。

Point
- 様々な性のあり方について説明するスライドです。
- 左側の人が「中性でいたい人」、中央の人は「どちらでもありたい人」、右側の人が「どちらでもない性を生きる人」をイメージしています。

　そのほかにも、「男性女性のどちらでもない性」として生きることを選択する人もいますし、「中性でいたい人」や「どちらでもありたい」という人もいます。これらの人を「Xジェンダー」と呼ぶこともあります。

性同一性障害と診断された場合の治療行程

第1段階	精神科領域の治療	・精神的サポートを行う ・身体的性か自らが望む性のどちらで生活をしていくかを決断し、実際に望む性で日常生活を経験する、実生活経験（Real life experience）を行う
第2段階	ホルモン療法	・15歳以上の当事者を対象に、性ホルモン投与によるホルモン療法を実施
第3段階	性別適合手術	・20歳以上の当事者を対象に行う

性同一性障害に関する診断と治療のガイドライン（第4版）より

Point
- 性同一性障害と診断された場合、安全性を考慮して、年齢によって受けられる治療は異なってくることを説明します。
- 近年、ネット通販などでホルモン剤を購入して自己判断で服用し始めてしまい、副作用に苦しむなどの事例が問題となっていることも伝えましょう。

　トランスジェンダーと呼ばれる人の中にも様々なタイプがあり、その中で、医療による援助を必要としている場合に「性同一性障害」と診断されます。

　性同一性障害と診断された場合も、カウンセリングだけを受けたい人、ホルモン治療を受けたい人、性別適合手術を受けたい人や、戸籍の性を性自認に合わせて、その性で社会生活を送りたい人など、様々です。

　また、現在の日本では戸籍を変えるための条件が厳しいため、それを望んでいても変えられずにいる人もいます。

❺

> **Point**
> ・スライド④の流れから、性自認に悩みがある場合は専門の医師に相談することが大切であるということを伝えるスライドです。
> ・電話相談先については、保健室などに掲示したり、カードを設置したりしましょう。相談先の例はp.59を参考にしてください。

　治療を受けるためには様々な準備が必要です。
　将来にも関わってくる重要な問題ですから、自己判断は避け、治療については必ず医師に相談しましょう。特にインターネットには不正確な情報も多いので注意が必要です。
　病院を受診する勇気が出ない……という場合は、まずは電話相談などにかけてみてはどうでしょうか。

❻

> **Point**
> ・左上のイラストは「本当の自分」とは違う自分で過ごすことの生きづらさを表しています。
> ・右下のイラストは、それぞれが「自分らしい」と思えることを楽しんで生きているイメージです。セクシュアルマイノリティだけの問題ではなく、すべての生徒が「自分らしい」「自分が好きだ」と思えるあり方について思いを馳せることができるとよいでしょう。

　「本当の自分とは違う」と感じる性で生活することは、生きづらさにつながります。
　しかし今、誰もが自分らしく過ごせるように、社会は変化しつつあります。様々なセクシュアリティを認め合うことは、すべての人の「自分らしさ」を生かすことにつながります。

シナリオ 4

性的指向／LGBとは
（性的指向・前編）

性的指向について基礎的内容を解説したシナリオです。

性的指向／LGBとは
（性的指向・前編）

❶

Point
・好きな人を思い浮かべているイメージですが、どの性別の人を思い浮かべているのかは、あえてわからないようにしています。

　思春期になると「好きな人」ができることがあります。家族や友達に対する「好き」とは少し違って、その人のことを考えるとドキドキしたり、相手の気持ちを独り占めしたいと思ったり、手をつないでみたいと思うことがあるかもしれません。
　そのような「好きになる気持ち」や「性的な関心」の対象がどの性に向かっているかを、「性的指向」と呼びます。

❷ 異性愛（ヘテロセクシュアル）
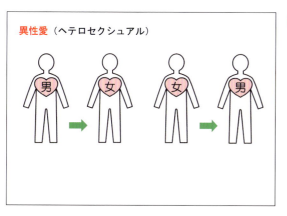

Point
・ここからは性的指向のタイプを解説するスライドです。性的指向は性自認をもとに判断するため、「体の性」が強調されないように男女で体の形をわけていません。
・マジョリティである異性愛を最初に紹介することで、異性愛者であることを自認している生徒も「自分にも関係がある話だ」と意識できるようにしましょう。

　最も多いのは、性的指向が男性の場合は女性、女性の場合は男性である「異性愛」です。異性愛の人は自らの「性的指向を言えない」ということはほとんどないため、身近に同じ性的指向の人がいることを感じながら育ちます。
　そのため、自分の性的指向に疑問を持つことはあまりないかもしれません。

第3章　中学生、高校生対象のLGBTQをはじめとするセクシュアルマイノリティ教育

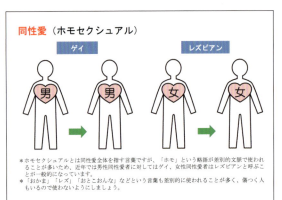

男性が男性を、女性が女性を好きになることを「同性愛」といいます。

男性同性愛者のことは「ゲイ」、女性同性愛者のことは「レズビアン」と呼ぶこともあります。

なお「ホモ」や「おかま」、「レズ」「おとこおんな」という呼び方は差別的に使われることが多く、傷つく人がいるため、使わないようにしましょう。

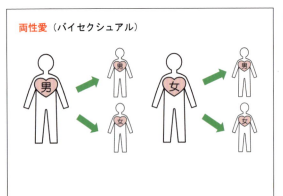

性的指向が男性と女性のどちらにも向いている場合を「両性愛」といいます。

両性愛者のことは「バイセクシュアル」と呼ぶこともあります。

《言葉の由来を知っておこう》

異性愛／heterosexual（ヘテロセクシュアル）
同性愛／homosexual（ホモセクシュアル）
両性愛／bisexual（バイセクシュアル）
「異なる」という意味を持つ「hetero」、「同じ、よく似た」という意味を持つ「homo」、「2つ、2種類」などの意味を持つ「bi」が、それぞれ「性的な」という意味を持つ「sexual」と組み合わさった言葉です。

❺

もちろん、思春期になったからといって必ず好きな人ができるわけではありません。
初めて「好きな人」ができるのが大人になってからの人もいます。
中には他者に親愛や友情は抱いていても、恋愛感情や性的な欲求を持たない人もいます。
性的指向は、あくまでも性的な関心がどちらに向いているかという話です。

Point
・中には「好きな人ができたことがない」「恋愛の話が苦手」と感じている生徒もいる可能性がありますので、そういった生徒に「自分のペースでよい」と伝えるスライドです。
・また、セクシュアルマイノリティの中には「アセクシュアル」という性的指向を持たない人もいます。

❻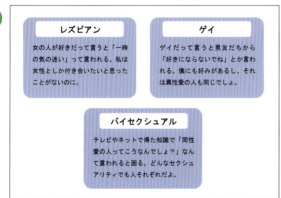

Point
・メディアなどの影響で「同性愛者はこういう人」などと先入観を持っている生徒もいるかもしれませんが、性的指向ひとつで人はカテゴリー分けできません。セクシュアリティは、様々な要素から成り立っているものだからです。

性的指向は「本人の希望や選択によって決められる」つまり変えられるというのは誤解です。
（ここでスライドの当事者のコメントを読む）
また、性的指向が同じタイプだからといって「このタイプはこういう人だ」と決めつけることはできません。
セクシュアリティはその人のあり方を決める大切なものですが、あくまでもその人の個性の一部なのです。

シナリオ 5　変わりゆく社会（性的指向・後編）

性的指向にまつわる差別問題や、
カミングアウトなどの話題を解説する後編です。

変わりゆく社会
（性的指向・後編）

（▶がスライド内の切り替えポイント）

❶

2006年
「性的指向と性同一性に関わる国際人権法の適用に関する原則
（通称：ジョグジャカルタ原則）」

元国連人権高等弁務官をはじめ、国連人権機関などの専門家によりつくられた、セクシュアルマイノリティの人も含めた、すべての人の人権を保障し、一切の差別や弾圧を厳禁するため、全ての国家が遵守すべき国際法規の基準を提案する文書

・しかしいまだにセクシュアルマイノリティに対する差別はなくなっていない
・個人の同意に基づく同性愛が差別的な法律で犯罪と定められている国もある

日本では……
・一部のバラエティー番組において、同性愛者やトランスジェンダーらを特異な存在として扱ったり笑ったりする傾向がある
・差別的な意味合いを含む「ホモ」「レズ」「オカマ」「オナベ」などの言葉の使用が規制されておらず、バラエティー番組などで多用されている。

2015年
大学院生が、ゲイであることを周囲に暴露（アウティング）されたことをきっかけに、転落死する事件が起きる

Point
・セクシュアルマイノリティの中でも、特に同性愛者が受けてきた差別について紹介するスライドです。
・日本にもこのような差別があるという気づきにつなげるのがねらいです。

　国連では、性的指向や性自認にかかわらず、すべての人の人権が保障されるべきことが提唱されています。しかし、LGBTQをはじめとするセクシュアルマイノリティの置かれている現状は国や地域によっても異なり、異性愛者に認められている権利が全て同様に付与されていない、差別や社会的排除、偏見や暴力などといった人権侵害を受けることが多いのも実情です。

❷

Point
・このような解説を聞いても「自分の周りにはいないから」と思っている生徒がいた場合に、「いないのではなく、言えないだけ」ということに気づかせることがねらいです。

　「LGBTの人は自分の身の周りにはいないから関係ない」などと思っている人もいるかもしれません。▶けれど、もし当事者がすぐそばにいて、例えばあなたがテレビの差別的な場面を見て笑ったり同意したりしているのを見ていたら、あなたには「この人に本当の自分を打ち明けることはできないな」と思うでしょう。セクシュアルマイノリティの人々は、身近にいないのではなく、打ち明けられずにいるのです。

❸

Point
・カミングアウトの難しさを理解し、どのように受け入れればよいかを解説します。
・カミングアウトについては、同時にアウティングの危険性についても伝えることが大切です。

　自分のセクシュアリティを誰かに伝えることを「カミングアウト」といいます。
　カミングアウトをすることには勇気が必要です。その瞬間だけではなく、その後の生活に大きな影響が伴う場合もあるからです。ですから、あなたにカミングアウトをした人がいたとしたら、それはきっと、あなたのことを信頼できる人だと感じて、今よりもっと良い関係を築きたいと思ったからでしょう。その勇気を想像してみてください。
　そして、カミングアウトを受けたときは、決して人に言いふらしたりしないでください。勝手に言いふらすことは「アウティング」といい、相手を追いつめてしまう行為です。
　もしも、自分たちだけでは解決できない、大人の協力が必要な事態が起きたときは、本人と相談してから誰に協力をしてもらうかを一緒に考えましょう。

❹
カミングアウトについて当事者の声

レズビアン	ゲイ
親に伝えたら「（女子校育ちで）男性を知らないからよ」と言われた	信頼していた友人にカミングアウトをしたら、距離を置かれてしまった

バイセクシュアル
担任の先生に伝えたら「今まで気づかずに、傷つける発言をしていたかもしれない。申し訳ない」と言ってくれた

Point
・カミングアウトの体験談を伝えるスライドです。
・相談先の例はp.59を参考にしてください。

　カミングアウトについての体験談を紹介します。
（ここでスライドの当事者のコメントを読む）
　特に、思春期の年代におけるカミングアウトには多大な困難を伴う場合が多いと考えられます。不安なことがあれば、先生に相談してほしいですが、身近な相手に話すことがためらわれる時は、電話相談などのサービスを利用するのもよいでしょう。
　今は身近に相談できる人がいないと思っていたとしても、大人になり自分の世界が広がれば、理解者や同じ性的指向を持つ人に必ず出会えます。

❺

> **Point**
> ・セクシュアルマイノリティの人権を守るための取り組みの広がりについて、同性婚を切り口に紹介するスライドです。
> ・地図で示すことで、世界中にセクシュアルマイノリティの人がいるのだと視覚的に伝えることもねらいです。

　現在、多くの国や地域でセクシュアルマイノリティの人々の人権を守るための取り組みが始まっています。

　海外では、2000年にオランダで世界で初めて同性結婚法が成立し、その後、ベルギー、スペイン、カナダ等が続き、2019年にはアジアで初めて、台湾で認められるようになりました。

　日本においても、2015年の渋谷区での「パートナーシップ証明書」、世田谷区の「パートナーシップ宣誓書」の開始とともに、全国各地で同様の取り組みが始まっています。しかし、未だに異性婚と同等の婚姻は認められていません。

❻

> **Point**
> ・様々な人が「自分らしく」生活していることを表すイラストです。
> ・生徒たちには、「自分らしい」と感じる将来はどのような姿かを思い描くことを促してみましょう。

　誰もが「マジョリティ（多数者）」の側面と同時に「マイノリティ（少数者）」の側面を持っています。

　例えば日本で暮らしている日本人はマジョリティですが、海外で暮らせばマイノリティになります。

　マジョリティもマイノリティも、様々な人が自分らしく生活ができるように変化していく時代が始まっています。それは、すべての人にとって生きやすい世の中へとつながっていくのです。

シナリオ 6 多様性を認め合うことの大切さ（性別表現）

セクシュアリティを構成する要素のひとつ、性別表現について解説するシナリオです。

多様性を認め合うことの大切さ（性別表現）

（▶がスライド内の切り替えポイント）

❶

Point
- 性別表現はセクシュアリティを構成する要素のひとつであることを紹介します。
- 性別表現はマジョリティ／マイノリティ問わず、すべての人がすでに行っていることです。

「体の性」、自分が思う性別認識のことである「性自認」、好きになる気持ちがどの性に向かっているかを示す「性的指向」、この3つに加えてセクシュアリティを構成する大切な要素が▶「性別表現」です。

❷

Point
- 性別表現とは何かをイメージしてもらうことがねらいです。
- これが「自分らしい」と思えるような表現はどのような姿だろうと想像することを促してみましょう。
- 校則やその場のマナーなどに合わせることはもちろん大切ですが、「自分らしいあり方」をイメージし、そのために何が必要なのかを考えていくことは、将来のためにも重要です。

　性別表現とは、ファッションや髪型、言葉遣いや社会との関わり方など、自分がどのように「自分」を表現したいかということです。
　性自認が男女のどちらであったとしてもかわいい服装が好きな人もいれば、ナチュラルな服装やかっこいい服装、誰にも似ていない「個性的」な服装を好む人もいます。
　もちろん「ファッションには興味がない」という人もいます。

第3章 中学生、高校生対象のLGBTQをはじめとするセクシュアルマイノリティ教育

47

❸

> **Point**
> ・性別表現の例を紹介しています。
> ・性別表現は、性自認とは別のものです。性自認が男性で、女性的とされる振る舞いを好む人もいますし、性自認が女性で、男性的な服装と女性的な服装を場面に合わせて使い分けたい人もいます。

　性自認が女性であっても絶対にスカートを履きたくない人はいますし、性自認が男性で「かわいい」と言われるようなファッションを好む人もいます。
　つまりは、どのような表現を「自分らしい」と感じるかということです。
　もちろん周囲の人に影響されていく部分もありますが、どのようなものを好み、選んでいくかでその人の個性が形作られていきます。

❹

> **Point**
> ・注意すべきなのが、「男性的」「女性的」というのはあくまでも表現の一種であり、男性ならこうすべき、女性ならこうすべきということとは別だということです。その考え方や価値観は時代とともにどんどん変化していきます。
> ・「男らしくない」「女らしくない」といった言葉は、性別表現の自由を奪い、性別に基づく社会的な役割を一方的に押しつけることにつながります。

　セクシュアリティは「男」「女」という２つの性別では説明しきれないものです。
　それを「男らしさ」「女らしさ」というカテゴリーに分けることは、性別に基づく社会的役割を一方的に押しつけることになります。

Point
・性別表現は周囲の環境に合わせて変わっていく場合もあります。
・「こうしているのが心地よい」「これは自分に似合う」と思えるものを見つけることは、自己肯定感を育む機会にもつながります。

　時には自分のやりたいことに対して、「女らしくない」「男らしくない」「これ変かな？」などと不安になることもあるかもしれません。
　けれど、何よりも大切なのは、あなたがあなたらしく幸せに過ごすことです。あなたは本当はどうしたいのか、その気持ちを大切にしてください。

Point
・性別表現に限らず、自分が自分らしくあるために大切なものは何かを振り返ってもらうことがねらいです。

　自分らしさを無理やり抑え込むのは苦しいことです。
　まずは自分で、自分の自分らしさを大切にしましょう。
　そうすることできっと、自分以外の人の「その人らしさ」を尊重できる、素敵な人になることができます。

シナリオ 7

HIVとAIDS

男性同性愛者の抱えやすいトラブルにHIV感染があるため、セクシュアルマイノリティ教育の流れで伝えることができるとよいでしょう。

（▶がスライド内の切り替えポイント）

❶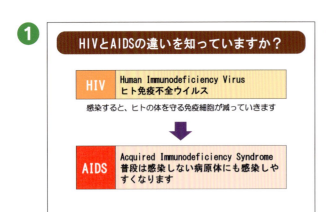

Point
・HIVとAIDSの違いを解説するスライドです。

HIVとAIDSの違いを知っていますか？

　HIVとはHuman Immunodeficiency Virus（ヒト免疫不全ウイルス）の略で、ウイルスの名前です。HIVに感染すると、ヒトの体を病原体から守る免疫細胞が減っていきます。普段は感染しない病原体にも感染しやすくなり、そうして様々な病気を発症した状態をAIDS（Acquired Immunodeficiency Syndrome：後天性免疫不全症候群）といいます。

❷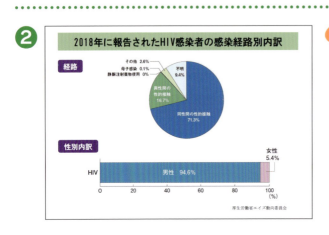

Point
・日本におけるHIVの主な感染経路は、「性的接触」によるものだということを理解します。
・感染者経路別のグラフを示し、同性間の性的接触が過半数であることと、約9割が男性であることを説明します。
・男性同性間の性的接触だけによって感染するものではありません。偏見につながらないように留意のうえ提示しましょう。

　HIVは汗や唾液などからは感染しません。HIVの主な感染経路は、輸血などによる「血液感染」、HIV陽性の母から子への「母子感染」、そして「性的接触による感染」の3つです。現在の日本におけるHIVの主な感染経路は、性的接触によるものです。特に、男性同性間での感染によるものが多く見られます。

❸

HIV感染を予防するには、まず性的接触をしないことが挙げられます。次に、性行為をする際はコンドームを正しく使用することが大切です。

コンドームの使用についてはこのスライドのような誤解がよく見られますが、これらはすべて誤りです。▶1回きりの性行為でも感染する可能性はあります。▶相手がコンドームをつけた経験があるとは限りませんし、女性も知っておくべきです。▶膣性交だけでなく、肛門、口腔性交でもコンドームは必須です。

Point
- よくある誤解の例に▶で回答を表示していきます。
- 性感染症としてのHIVを予防するためには性行為をしないことが第1の予防法です。しかし、性的接触をする際は「性感染症予防の観点から」コンドームの使用が必須であることもぜひ伝えてください。
- 男性同性間でのHIV感染率が高いことには様々な理由があると考えられますが、そのひとつは、コンドームの使用目的を「避妊」のみと考え、「性感染症予防」のために使用することの重要性を理解していないことにあると認識することが狙いです。

❹

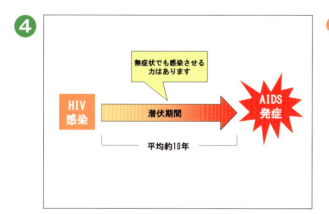

Point
- HIVに感染する＝AIDS発症ではないということを伝えるスライドです。
- それと同時に、潜伏期間は無症状であるため、自分でも感染に気づかないでいる危険性があることを併せて伝えましょう。

HIVに感染するとどうなるのでしょうか。

感染してもすぐにAIDSを発症するわけではありません。感染から発症までの潜伏期間があります。この期間は無症状であるため、自分でも感染に気づいていない危険性があります。しかし、潜伏期間も感染力はあるため、自覚なしに他者に感染させてしまう危険性もあります。

　初めてのHIV陽性者の報告があった1980年代と比較して、現在のHIVに対する医療や治療薬は著しく進歩しています。

　適切な治療を受け、服薬を続けながら、栄養バランスのとれた食事と健康的な生活習慣を保つことで、ほぼ確実にAIDSの発症は抑えることができるようになっています。治療を継続していれば、ほぼ平均寿命まで生きることができると見通されるようになりました。

　このことから、現在では、AIDSは「死に至る病気」ではなく、「慢性疾患」と捉えられるようになっています。

▶そして、適切な治療を受けるためには、早期発見が大切です。

　「HIVに感染したかもしれない」と不安に感じたときは、保健所などで匿名・無料で検査を受けることができます。

　HIVは感染しても長期間無症状が続くため、「自分は大丈夫」と思うのではなく、HIV検査を受けることが大切です。

資料：多様な性を考える授業

多数者（マジョリティ）／少数者（マイノリティ）について考えてみよう

（1）あなたが多数者だと思うこと、少数者だと思うことはなんですか？
　　例：多数者→利き手は右です
　　　　少数者→食物アレルギーで、牛乳が飲めません

多数者	少数者

（2）あなたが少数者であることで困っていること、こんな工夫があればいいのにと感じることはありますか？
　　例：自分は食物アレルギーなのに、好き嫌いをしていると思う人がいて嫌だなと思う

（3）少数者の人が生活するうえで困っている（とあなたが思う）ことはありますか？
　　例：車いすの人が混雑した電車に乗れず困っているのを見かけます

（4）少数者の人のための工夫として思いつくものはなんですか？
　　例：性自認を問わずに使用できるトイレができている

　多数者だと思って過ごしていると、少数者が困っていることに気づかない場合があります。
　誰もが多数者の側面と、少数者の側面を持っています。自分が多数者に属しているときも、両方の視点から考えることで、他者の気持ちを考えてみましょう。

資料：多様な性を考える授業

当事者の手記

《トランスジェンダー（FTM）》ハルキさん（高校1年生）の場合

Q.自分の性別に違和感を感じたきっかけは？

中学校の制服です。女子用の制服を着なければならないということにすごく抵抗を感じて、毎朝20～30分もかけて着ていました。

そんな状態でどうにか1年間は通ったものの、2年生になったときに（制服を着ようとすると）吐くようになってしまって、学校に行けなくなりました。

そして、学校を休んでる間にインターネットで自分の違和感について検索をしていて、初めて「性同一性障害」のことを知ったんです。「あ、自分はこれなんだ」と思いました。

Q.学校を休むようになった理由について、家の人と話しましたか？

その後、高校を選ぶタイミングで、カウンセラーの方を交えて母親にカミングアウトしました。

Q.お母さんの反応はどうでしたか？

「なんだ、そんなことだったの」と言って泣いていました。

長らく学校を休んでいたので、何かあるなということは薄々気づいていたけれど、その何かが「性別に対する違和感」であることに、驚くというより、ほっとしたようでした。

自分はずっと「娘」として親と接していることが、うそをついているような気持ちでつらかった。死にたい気持ちになることもありました。

でも母親は「男でも女でも自分の子どもにかわりはない」と言ってくれました。母親という一番身近な存在に受け入れてもらえたことは、自分に安心感を与えてくれました。

今名乗っている「ハルキ」という名前も、お母さんが一緒に考えてくれたんです。

《ゲイ》エクさん（高校3年生）の場合

Q.誰かに自分のセクシュアリティについて伝えたことはありますか？

中学校のころからの友人や弟には伝えています。

そのほかにも、高等学校の養護教諭の先生はすんなり受け入れてくれてうれしかったです。でも、中学校のときの養護教諭の先生は、言葉の端々から「言っても理解してくれないだろうな」という印象があって伝えませんでした。先生にもいろんな人がいるな、と思います。

それから、友人として信頼していた人にカミングアウトして、距離を置かれた、ということもありました。そのときはつらかったですね。

Q.将来の目標などはありますか？

学校の授業って基本的に異性愛が前提ですよね。そういうのが嫌だなと思っていて、傷ついている子もいると思うんです。

なので、まだ具体的には決めていませんが、学校の先生になって、多様な性を伝えることができたら、と考えています。

それからいつかはパートナーと出会って結婚できたらいいな……とも考えています。でもそうなったら親にも伝えなくてはいけない、と考えると、複雑です。親に伝えるということはまだ考えられません。

資料：多様な性を考える授業

手記を読んで

1）資料の中のハルキさんがお母さんにカミングアウトしたときの気持ちは、どのようだったと思いますか？

2）資料の中のエクさんが「友人として信頼していた人にカミングアウトをして、距離を置かれた」ときの気持ちはどのようだったと思いますか？

3）ハルキさん、エクさんの手記を読んで、共感できるところや、共感できないと感じるところがあれば書いてください。

4）もしあなたにハルキさんやエクさんのような「人に打ち明けたら、どんな反応をされるか心配になること」があったとしたら、どんな人に相談したいと思いますか？　そのとき、どんな反応があったらいいと思いますか？

5）この授業を通して感じたことや考えたことを書きましょう。

資料：多様な性を考える授業

「セクシュアリティってなんだろう」

　セクシュアリティは、「体の性」、「性自認（心の性）」、「性的指向（好きになる性）」、自分の性をどのように表現したいかという「性別表現」などによって構成されています。

　そして、そのセクシュアリティが「マジョリティ（多数者）」に属さない場合をセクシュアルマイノリティ（性的少数者）と呼ぶことがあります。ここでは「LGBTQ」をはじめとするセクシュアルマイノリティについて紹介します。

セクシュアリティの代表的な4要素

体の性

生まれ持った体の性のことです。中には性分化疾患※と呼ばれる、典型的な男女とは異なる身体の発達をする人もいます。
※　インターセックスやDSDs（ディーエスディーズ）と呼ばれることもある

性自認

自分が思う自分の性のことです。体の性と異なる場合もあれば、男女のどちらでもある、どちらでもないと感じる人もいます。

性的指向

恋をしたり、体に触れたいと感じたりする対象となる性のことです。異性愛、同性愛、両性愛などもあれば、いずれの性別にも恋愛感情や性的関心がない無性愛もあります。

性別表現

言葉遣いやファッションなど、自分の性をどのように表現したいかということです。社会的に期待される役割とはまた異なります。

Q クエスチョニング（Questioning）という考え方や状態

　自分のセクシュアリティがわからない、決めかねている。そのような状態を「クエスチョニング」と呼びます。

　特定の年代に限ったことではありませんが、特に思春期は気持ちが揺れ動く時期ですから、セクシュアリティが確定しないこともあり、おかしなことではありません。

56

■ 性的指向についてのセクシュアルマイノリティ

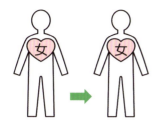

L 女性同性愛者（Lesbian ／レズビアン）

性的指向が女性に向いている女性のこと。

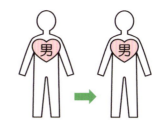

G 男性同性愛者（Gay ／ゲイ）

性的指向が男性に向いている男性のこと。

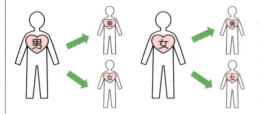

B 両性愛者（Bisexual ／バイセクシュアル）

性的指向が男性と女性の両方に向いている人のこと。

無性愛者（アセクシュアル・エイセクシュアル）
恋愛感情や性的関心を誰に対しても感じない人のこと。

全性愛者（パンセクシュアル）
相手の性別、セクシュアリティにとらわれず、すべての人が性愛の対象となる人のこと。

性的指向は自分で選択できるものではありません。

■ 性自認についてのセクシュアルマイノリティ

T トランスジェンダー（Transgender）

体の性と心の性が一致しないと感じたり、体の性と異なる性別で生きたいと感じたりしている人のこと。

ただし、トランスジェンダーの中でも、その違和感の強さや、どのような形で生活をしていきたいかは人それぞれです。

＊身体的治療を望む人、医師の診断を受けている人などは、医学用語である「性同一性障害」という名称で呼ばれることもあります。

■ いないのではなく「言えない」だけ

「自分の周りにセクシュアルマイノリティの人はいない」と思う人もいるかもしれません。

しかし、セクシュアルマイノリティの当事者は、20人に1人はいると推定されていますから、今まで出会ったことはないと思う人も、もしかしたらすでに出会っている可能性があります。

多くの当事者は自分のセクシュアリティについて語ることで、周囲の人の態度が変わってしまうのではないか、関係が壊れてしまうのではないかなどの不安があり、言えずにいることが圧倒的です。

そのように感じる人が身近にいる可能性を考え、自分の言動を振り返ってみましょう。

LGBT当事者のカミングアウトの状況

	人数 (n=15,064)	％
親へのカミングアウト状況	3,309	22.0
職場や学校でのカミングアウト状況	4,154	27.6

宝塚大学看護学部　教授　日高庸晴「LGBT当事者の全国インターネット調査ーいじめ・職場環境問題ー」より

資料：多様な性を考える授業

事後アンケート

（1）「多様な性を考える授業」について、「当てはまらない（1点）」〜「よく当てはまる（5点）」の5段階で自分がどこに当てはまるか、丸をしてください。

	当てはまらない	あまり当てはまらない	どちらとも言えない	当てはまる	よく当てはまる
興味を持って授業に参加することができた	1	2	3	4	5
セクシュアリティについてよく理解できた	1	2	3	4	5
自分自身について深く考えることができた	1	2	3	4	5
自分とは違う他者について深く考えることができた	1	2	3	4	5

（2）今日の授業で印象に残ったことを書いてください。

3）今回の授業を通して感じたことや、気づいたことなどを書いてください。

相談機関の紹介

　生徒が自分のセクシュアリティに悩んでいるときは、「誰かに相談したい」と思うこともあるでしょう。できるだけ信頼できる大人に相談ができるよう、さりげない手助けをしてあげてください。校内で対応できることが理想ですが、相談機関を紹介したプリントを全員に配布する、もしくは、紹介カードを作って、保健室に配置しておくこともおすすめです。

【電話相談】「セクシュアルマイノリティ電話法律相談」（東京弁護士会）／ 03-3581-5515
法律問題を抱えるセクシュアルマイノリティのための電話相談です。
日時　毎月第２木曜日・第４木曜日（祝祭日の場合は翌金曜日に行います。）17:00 〜 19:00
詳細　https://www.toben.or.jp/bengoshi/soudan/sexualminority/index.html

※千葉県弁護士会、大阪弁護士会、福岡県弁護士会などでもセクシュアルマイノリティのための電話
　法律相談が行われています。インターネットで検索してみてください。

【電話相談】「LGBTほっとライン」（札幌市）／ 011-728-2216
性別違和や同性愛などのお悩みについて、どなたでも気軽に話せる電話相談窓口です。
日時　木曜日16時〜 20時
詳細　http://www.city.sapporo.jp/shimin/danjo/lgbt/lgbtsodan.html

【電話相談】「セクシュアルマイノリティ電話相談」（宝塚市）／ 0797−71−2136
自分の性や性的指向に伴う相談をはじめ、さまざまな相談に応じます。本人、家族、友人、教員などどなたでも相談できます。
日時　毎週水曜15時〜 18時（おおむね１回30分）（祝日・年末年始除く）
詳細　http://www.city.takarazuka.hyogo.jp/s/kyoiku/jinken/1021192/1018499.html

【対面相談】「よこはまLGBT相談」（横浜市）
性的少数者支援に携わっている臨床心理士による相談です。個室にて対面で、ご相談いただけます。（事前に電話での予約が必要です）。
問い合わせ・予約　045-594-6160（水・金・土16:00 〜 21:00、日曜14:00 〜 18:00）
詳細　https://www.city.yokohama.lg.jp/kurashi/kyodo-manabi/jinken/lgbt/soudan.html

【派遣型相談】「かながわSOGI派遣相談」（神奈川県）
臨床心理士など専門相談員が県内の学校等に伺って相談をお受けします。
問い合わせ・予約　045-210-3640
詳細　http://www.pref.kanagawa.jp/docs/fz3/cnt/f430243/documents/2.html

※このほかにも様々な自治体でセクシュアルマイノリティのための相談窓口が設けられています。

《性同一性障害／ GID》
性同一性障害の治療について、GID（性同一性障害）学会認定医と、相談を受けてくれるメンタルヘルス専門職の所属施設の一覧がGID学会のHP上で公開されています。
www.okayama-u.ac.jp/user/jsgid/

《HIV検査》
最寄りのHIV検査・相談施設はこちらのサイトから検索することができます。
HIV検査相談マップ　https://www.hivkensa.com/

第3章　中学生、高校生対象のLGBTQをはじめとするセクシュアルマイノリティ教育

多様な性を考える授業を行う前に
~学校の先生方へ~

■ 多様性を尊重する環境づくりのために

　世の中では、多数者（マジョリティ）であることが正しいと捉える人々による、少数者（マイノリティ）の排除がたびたび起こります。筆者が実施したLGBTQをはじめとするセクシュアルマイノリティ 15,064人を対象にした全国インターネット調査※では、全体で58.2％（10代は49.4％）が小中高のいずれかでいじめ被害経験があり、自尊心を傷つけられる出来事を学齢期に経験していることがわかっています。

　さらに、不登校経験率は全体で21.1％（10代は31.9％）でした。先生や保護者にとってもなんら理由に心当たりのない不登校が数多くありますが、もしかしたら性的指向や性自認に関わるなんらかのことが影響して不登校が発生しているかもしれないという想像力を持つことが必要です。

　刃物で自分の体を傷つけるという自傷行為の経験率は全体で10.5％（10代は22.9％）であり、特に10代において極めて高率であることがわかっています。

　これまでの教員生活で、セクシュアルマイノリティの児童生徒に会ったことがないという先生方もいるかもしれませんが、日本におけるセクシュアルマイノリティ当事者は20人に1人程度と、その人口規模が推定されています。つまり、教室に少なくとも1人～2人は、当事者の児童生徒がいる可能性があります。

　つまり、そこにいないのではなく、言えずにいる児童生徒が存在する可能性を常に認識することが必要です。先生方が「誰がセクシュアルマイノリティの当事者かわからない」のと同じように当事者の児童生徒にとっては「誰が本当の理解者なのかわからない」のです。

　ただし、先生の側から「もしかして性別のことで悩んでいるの？」「同性のことが好きなの？」などといった質問をすることは、彼らの信頼や安心を一方的に壊しかねませんから極力避けた方がよいでしょう。自分自身の性的指向や性自認を表出していないにもかかわらず、先生の側が土足で踏み込んでしまうような言動は、時に暴力にもなりうるからです。

　むしろ、彼らが正直に話しても大丈夫と感じられるような、多様性を尊重する環境づくりに学校で積極的に取り組んでいくことが急務です。

　校内で実施可能な取り組みとしては以下のようなことがあるでしょう。

※　宝塚大学看護学部 教授 日高庸晴「LGBT当事者の全国インターネット調査—いじめ・職場環境問題—」（2016年実施）

> 1）教職員研修の実施
> 2）人権教育の一環として多様な性に関する授業を展開していく
> 3）性的指向や性自認の多様性についてポジティブな発言を教員がしていく
> 4）啓発ポスターを校内に掲示する
> 5）「保健だより」や「学級だより」で取り上げ、保護者へも情報を発信する

　学齢期の早い段階で多様性について肯定的なメッセージを受け取り、それを内面化することは、当事者である児童生徒にとっては自尊感情や自己肯定感を高める機会となります。さらに、当事者ではない児童生徒においては人権感覚を養う貴重なきっかけになります。
　このような取り組みを成功させるためには、教職員の意識統一が不可欠です。
　例えば、学校の中に差別的な話題で笑う児童生徒がいたり、セクシュアルマイノリティに対する無理解な意見があったりしたとき、先生がどのように対応するかを当事者の児童生徒は見ています。
　必ず存在するであろう当事者の児童生徒が、安心して通える学校であるために、ぜひ応援の言葉を積極的に伝えていきましょう。

教職員研修の必要性

　筆者が2011～2013年に6自治体5,979人の教員を対象に行った調査※によると、出身養成機関でセクシュアルマイノリティについて学んだという割合は1割未満でした（図1）。
　そのため、先生方の中にもセクシュアルマイノリティについて誤解がある可能性は多分にあります。例えば、同性愛についても以下のような誤解が明らかになりました（図2）。
　このような誤解をなくすためにも、教職員研修は有効でしょう。
　この章に収録したパワーポイントは教職員や保護者向けの内容になっています。校内で教職員研修を行う際などにぜひ役立ててください。

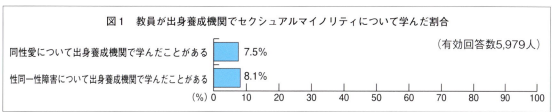

図1　教員が出身養成機関でセクシュアルマイノリティについて学んだ割合

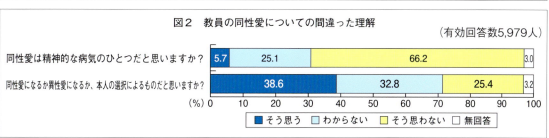

図2　教員の同性愛についての間違った理解

出典：「子どもの"人生を変える"先生の言葉があります。」（2011～2013年実施）http://www.health-issue.jp/f/

シナリオ1 セクシュアルマイノリティとは

LGBTQをはじめとするセクシュアルマイノリティ教育の必要性について解説するシナリオです。

❶

2015年4月「性同一性障害に係る児童生徒に対するきめ細かな対応の実施等について」という通知が文部科学省より出されたことをきっかけに、教職員を対象にした「性的指向」や「性自認」について学ぶ研修が多く開催されるようになりました。

その後、社会の変化に伴い、生徒向けのLGBTQをはじめとするセクシュアルマイノリティ教育への関心も高まり、今日に至ります。

❷

筆者が全国のLGBTQをはじめとするセクシュアルマイノリティ当事者を対象に実施したインターネット調査（有効回答数＝国内在住者15,064人）では、小中高の学齢期におけるいじめ被害経験率は、全体で58.2％と非常に高率であることが明らかになっています。

スライド①で挙げた通り、2012年8月には、内閣府の「自殺総合対策大綱」において自殺高リスク層のひとつとして、セクシュアルマイノリティが挙げられました。つまり、学校におけるセクシュアルマイノリティへの配慮は児童生徒の命を守るための取り組みでもあるのです。

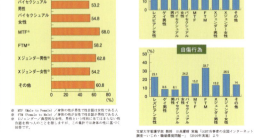

《体の性のさまざまな発達：性分化疾患※》

性分化疾患は、染色体や性腺の種類、女性の腟や子宮の有無、外性器の形状・大きさなど、性に関する体の発達が生まれつき少し異なる女性・男性の体の状態です。性的指向・性自認とは基本的に異なる医学的な問題で、「男でも女でもない」「男女の区別がつかない」「男女の中間」ではなく、「女性にも様々な体がある・男性にも様々な体がある」という理解が求められます。

※DSDs：ディーエスディーズと呼ばれることもあります。

❸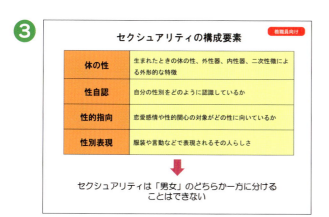

セクシュアリティとは、様々な要素が組み合わさったものです。

生まれたときの「体の性」や、心の性といわれることもある「性自認」、恋愛や性的関心の対象がどの性に向いているかという「性的指向」。さらに、服装や言動などで表現されるその人らしさを表す「性別表現」など複数の要素によって構成されているため、「男」「女」の2択に分けられるものではありません。

また、異性愛者でも同性愛者でも、好きになる相手には好みがあります。自分の性をどのように表現したいかについても、例えば仕事をしているときは「私」と言い、趣味の活動をしている時は「俺」と言う……などのように、その場に合わせて変化させている人は多いでしょう。セクシュアリティはその人のあり方であり、個性でもあります。

❹

セクシュアルマイノリティ関連の話題では「LGBT」という言葉が多く使われています。

LGBTはレズビアン、ゲイ、バイセクシュアル、トランスジェンダーの頭文字を取ったものです。つまり、LGBは性的指向について、Tは性自認についてのセクシュアルマイノリティです。

性的指向や性自認がはっきりしていなかったり、どちらかに決めたくないと感じていたり「揺れている」状態にある人をクエスチョニングと呼び、これを合わせてLGBTQと呼ぶこともあります。

また、トランスジェンダーの中には、性同一性障害と医療機関で診断される人もいれば、自らの性を「男性と女性のどちらとも感じることがある、あるいはその両方と感じる」「性別がない（無性）と感じる」「男性・女性の中間と感じる」「男性・女性のどちらでもないと感じる」人々（最近はXジェンダーと呼ばれるようになっています）も一定数います。

学齢期から思春期・青年期には、性的指向や性自認がはっきりしないことや揺れ動いたり迷ったりすることもあり、クエスチョニングや、Xジェンダーはほかの年齢層より多いと推測されます。

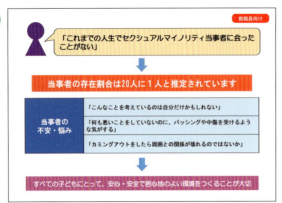

「これまでの人生でセクシュアルマイノリティ当事者に会ったことはない」「私の周りにはいない」。セクシュアルマイノリティの非当事者の多くはそのように考えていることでしょう。

しかし、日本におけるセクシュアルマイノリティ当事者は20人に1人程度と、その人口規模が推定されています。つまり、教室に少なくとも1人～2人は、当事者の児童生徒が存在する可能性があります。つまり、いないのではなく、いるけれども気づかなかった可能性が高いのです。自らの性的指向や性自認を他者に伝える「カミングアウト」は、非常に勇気のいることであり、理解されなかったらどうしようという不安やリスクを感じて、周囲に告げずにいる、告げられずにいる当事者も多いのです。

ですから、学校という場で必要なことは「誰が当事者か」を探すことではありません。そこに当事者の児童生徒がいることを想定して接することです。

また、思春期のセクシュアリティは揺れている場合があります。セクシュアルマイノリティ当事者と思われる児童生徒がいても、見た目で判断したり、勝手に決めつけたりはしないようにすることが重要です。

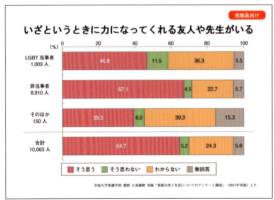

筆者と三重県男女共同参画センターによる高校生約1万人を対象にした調査※によれば、「いざというときに力になってくれる友人や先生がいる」という問いに対し、「そう思う」と答えたものの割合は、非当事者は67.1%なのに対し、当事者は46.8%という結果でした。

これは、セクシュアルマイノリティ当事者にとって援助を求める行動は、そもそもカミングアウトを受け止めてもらえるかどうかという不安を内包している場合が多いことが背景にあると考えられます。

子どもたちは「どの先生なら、偏見や誤解がなく、味方になってくれるか」と考えながら教師を見ています。セクシュアルマイノリティに対する差別的な発言をする教師がいたら、教師全体に対する信頼感を損ないかねません。そのため、学校全体で意識統一を行い、差別や偏見のない環境づくりに取り組むことが重要です。

※ 三重県男女共同参画センターと宝塚大学看護学部 教授 日高庸晴 実施「多様な性と生活についてのアンケート調査」(2017年実施)

シナリオ2　学校でできるサポートと注意点（トランスジェンダー）

トランスジェンダー（性同一性障害を含む）当事者に対するサポートについてのシナリオです。

❶

性別違和感を自覚しはじめた時期

単位：人	全症例（1167人）	MTF（431人）	FTM（736人）
小学入学以前	660（56.6%）	145（33.6%）	515（70.0%）
小学低学年	158（13.5%）	67（15.5%）	91（12.4%）
小学高学年	115（9.9%）	56（13.0%）	59（8.0%）
中学生	113（9.7%）	74（17.2%）	39（5.3%）
高校生以降	92（7.9%）	77（17.9%）	15（2.0%）
不明	29（2.5%）	12（2.8%）	17（2.3%）

出典：中塚幹也著『封じ込められた子ども、その心を聴く 性同一性障害の生徒に向き合う』ふくろう出版刊 より

（MTF：Male to Female　トランス女性／FTM：Female to Male　トランス男性）

体の性とは別に、自分の「性」をどのように認識しているかを「性自認」といいます。

生まれたときの体の性とは性自認が異なり、「性別違和感」を持っている人をトランスジェンダーといい、生まれた体は女性、性自認は男性の場合をFTM（トランス男性）、生まれた体は男性、性自認は女性の場合をMTF（トランス女性）と呼ぶこともあります。

性別違和感を持ち始める時期には個人差があります。しかし、岡山大学ジェンダークリニックによる調査結果では、「中学生まで」が約9割を占めていることからも、学校現場での対応は必須です。

❷

「性別違和感のある人」すべてが、性別適合手術などの医療による治療を希望するわけではありません。

通常の「男・女」の枠に当てはまらない性のあり方、またはそのような性のあり方をする人を「トランスジェンダー」といいます。トランスジェンダーとは、「乗り越える」「向こう側に行く」という意味を持つ「トランス」と、性を意味する「ジェンダー」との組み合せでできた言葉です。

このトランスジェンダーの中で、医療による援助が必要な場合／可能な場合を性同一性障害と診断し、本人の性のあり方に合わせた治療が行われます。

第4章　多様な性を考える授業を行う前に〜学校の先生方へ〜

「本来の自分と違う」と感じる性で過ごすことは、生きづらさにつながることがあります。そのような「性別違和感」を持っている児童生徒が抱えやすい悩みには、このようなものがあります。
（ここでスライドの表を読む）
　性別違和感が激しい場合は、うつや不登校を引き起こす場合もあるため、丁寧な対応が必要です。

　性別違和感を持つ児童生徒が入学してからではなく、いつでも対応できるように事前準備をしておくことが重要になります。

　当事者の児童生徒を把握している、していないにかかわらず、事前に準備できることの例としては、これらの項目があります。
（ここでスライドの事前準備の設備面の表を読む）
　また先生方の普段の何気ない言葉遣いについても、「男らしさ」や「女らしさ」を押しつけないことが大切です。「男なんだから～」「女なのに～」といった言い回しをつい使ってしまっていないかを振り返ってみてください。

　学校全体で「自分らしさ」を大切にする環境づくりに取り組んでいくことが求められます。

　児童生徒の呼び方なども「～さん」に統一して、性別で分けないなどの工夫をする学校が増えています。

❺

　当事者の児童生徒から個別に相談があった場合は、希望の性別での学校生活が送れるように検討するとともに、これらのような内容を個別に相談し、配慮・対応しましょう。
（ここでスライドの上の表を読む）

　これらは主な例ですが、対応をする際は「周囲の児童生徒にトランスジェンダーであることを伝えるかどうか」の確認が必要になる項目もありますので、カミングアウトの強要や学校からの一方的なカミングアウトの後押しにならないように十分に配慮したうえで、本人の意思を確認しながら対応を検討しましょう。

　前校での対応がある場合は、引き継ぎで情報共有が必要になるときもあります。

❻

　性同一性障害の場合、治療は主に3段階に分かれます。
（ここでスライドの表を読む）

　近年、特に問題となっているのが、個人輸入などでホルモン剤を手に入れ、自己判断で内服し始めるケースです。自己判断で服薬を始めると、大量に服用し過ぎたり、薬に有害な成分が含まれていることで、生命に関わる副作用が発生する場合もあります。

　治療を受けたいと悩んでいる児童生徒がいた場合は、本人に確認を取ったうえで保護者と連携しながら信頼できる医療機関※に相談してください。

※ p.59参照

シナリオ 3　学校でできるサポートと注意点（性的指向）

性的指向についてのセクシュアルマイノリティ当事者に対するサポートについてのシナリオです。

❶
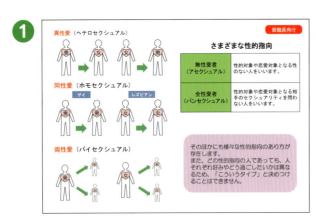

他者に恋愛感情や性的な魅力を感じる場合に、その対象がどの性の人であるかを「性的指向」といいます。

対象が異性である場合は異性愛（ヘテロセクシュアル）、同性である場合は同性愛（ホモセクシュアル）、異性と同性のどちらもが対象となる場合は両性愛（バイセクシュアル）といいます。

同性愛の場合、性自認が男性で性的指向が男性に向いている場合を「ゲイ」、性自認が女性で性的指向が女性に向いている場合を「レズビアン」と呼ぶことが一般的になっています。なお、ホモセクシュアルの略語である「ホモ」という言葉は差別的文脈で使われることが多いので使わないようにしましょう。

そのほかにも、性的対象や恋愛対象となる性のない「無性愛者」や、すべての性別が性的対象や恋愛対象となる「全性愛者」など、様々な性的指向のあり方が存在します。

かつての医学界において同性愛は異常性欲・性的倒錯あるいは性的逸脱であるといった考え方がされており、同性愛は精神疾患であると長い間捉えられていました。しかし米国の同性愛者団体からの激しい抗議を受けて1973年に米国精神医学会は「精神障害の診断と統計の手引き」の第2版から病理としての同性愛を削除しました。しかし1980年の「精神障害の診断と統計の手引き」の第3版には自我不親和性同性愛という分類が加えられました。これは同性愛者の多くが自分の性的指向について苦悩・葛藤する状況を捉えて加えられた用語です。さらにその7年後の1987年に発行された「精神障害の診断と統計の手引き」の第3版改訂版からはこの用語も削除され、疾病

分類としての同性愛は完全になくなりました。1992年に世界保健機関（WHO）も「国際疾病分類改訂版第10版」において「同性愛はいかなる意味においても治療の対象とはならない」と宣言を行っています。

　2000年のオランダを皮切りに、現在は同性婚が法的に認められる国や地域も増えつつあり、世界的にも変化が進んでいます。

❸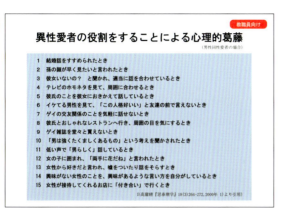

　自らが性的指向におけるマイノリティであると自覚している児童生徒や、「自分はマイノリティなのではないか」と考えている児童生徒にとって、「異性愛者であること」を前提とした会話や社会制度は、傷ついたり、ストレスを感じたりする原因になります。

　また、現在の日本では、社会的に性的指向をオープンにして活躍しているLGBTQをはじめとするセクシュアルマイノリティの人は決して多くないため、将来への展望が持てずに学校生活での意欲が低下するケースもあります。

❹

　2014年に日本在住のゲイ・バイセクシュアル男性20,821人を対象に実施した調査※によれば、学齢期にいじめや不登校、自傷行為などさまざまな問題が起こっていることがわかっています。

　もうひとつの抱えやすいトラブルに性感染症があります。

　1年間に国に報告されるHIV感染者の約7割が男性同性愛での性的接触によるものです。

　性感染症予防にはコンドームの適切な使用が必須であること、それは男性同士であっても同様であるということについてのさらなる啓発運動が求められています。

※　日高庸晴（2015）インターネットによるMSMのHIV感染リスクに関する行動疫学研究、厚生労働科学研究費補助金　エイズ対策政策研究事業
　　個別施策層のインターネットによるモニタリング調査と教育・検査・臨床現場における予防・支援に関する研究

❺

　自分のセクシュアリティをほかの人に伝えることを「カミングアウト」といいます。カミングアウトをすることは、自分のことをより深く知ってもらうチャンスであり、悩みや困っていることを詳しく話せたり相談できたりするようになるメリットがあります。
　しかしカミングアウトにはデメリットもあります。例えば相手の反応が否定的であったり、無理解なものであったりすればカミングアウトしたことそのものを後悔すると同時に、相手との関係が悪くなってしまう可能性があります。ですから、もしもカミングアウトを受けた場合は、信頼して打ち明けてくれた気持ちを尊重し、受け止めることが大切です。
　また、自分の知らないうちに性的指向や性自認についてほかの人に話されてしまうことを「アウティング」といいますが、そのようなアウティングによっていじめやからかいの被害につながってしまうことがあります。
　とりわけ、家族に対するカミングアウトは当事者の子どもの人生を左右する出来事ですから、他者がアウティングをしてしまうと、本人を厳しい状況に立たせてしまう危険性があります。情報共有や相談のためであっても、勝手な判断で本人の了解なく家族に伝えることは控えなければなりません。

❻

　どの教室にもLGBTQの当事者がいる可能性があるという前提で話をすることが大切です。しかし「この中にもきっと1～2人はセクシュアルマイノリティの人がいると思う」といった発言は、当事者児童生徒の存在のあぶり出しになる可能性があります。十分な配慮のうえで話をしなければなりません。
　また、セクシュアルマイノリティの児童生徒は「信頼できる先生かどうか」を見ています。マイノリティに対する差別的な発言や、からかうような言動は児童生徒の信頼を決定的に損ないかねません。「ホモ」「レズ」「おかま」「おとこおんな」などの言葉は差別的に使われることが多いため、使わないようにするとともに、使っている児童生徒にはその言葉を聞いて傷つく人がいることを必ず伝えましょう。

同性愛、両性愛（LGBQ）の児童生徒への対応のポイント

性的指向を正しく理解しましょう

異性を好きになるか、同性を好きになるか、両性ともに恋愛対象になるか、あるいは異性に対しても同性に対しても恋愛や性愛の感情を抱かないか……。このような"指向"を性的指向と呼びます。嗜好・志向・思考と様々な誤記が散見されますが、指向が正しい表記であることを覚えておきましょう。

性的指向は選べるものではないと考えられています

性的指向は自分の意思で変えることができるものではありません。また、病気ではありませんから、「思春期の一過性のこと」「そのうち治る」「気の迷いだ」「女子校だから（男子校だから）だよ」といった言葉をかけないようにしましょう。

児童生徒の性的指向を勝手に判断しない

児童生徒の性的指向を詮索したり、決めつけたりすることは、当事者・非当事者のどちらであっても相手を傷つけることにつながりかねません。児童生徒からの相談がない限り、詮索をすることやカミングアウトの強要につながるようなことは避けましょう。

また、当事者児童生徒の多くは、いじめや偏見を恐れ異性愛者を装いながら生活している場合が圧倒的です。「全員異性愛者だろう」と思っているクラスの中にも、LGBQ当事者のいる可能性があることを念頭に置くことが大切です。

将来の不安について

日本では性的指向をカミングアウトして生活しているマイノリティの人は、まだ少ないのが現状です。そのため、当事者は将来の展望を描きにくく悩みを抱えている可能性があります。しかし実際にはカミングアウトをしていないだけで、社会的に活躍している人々は大勢います。LGBQだからといって将来が限定されていることはありません。

また、現在、日本に同性同士の婚姻を認める法律はありませんが、2015年に「同性パートナーシップ」制度を東京都渋谷区・世田谷区が導入したことを皮切りに、全国に同様の制度が広がりつつあります。世界には同性婚が異性婚と同等のものとして認められている国が数多くあることを伝えることも、世界でのLGBQのあり方を伝える良い例になります。

カミングアウトについて

カミングアウトは周囲の人に自分のことを知ってもらう良い機会になりますが、相手が自分の予想通りに受け止めてくれるとは限りません。

そのため、身近で大切な存在である人ほど打ち明けることが困難であるということが、しばしば起こってしまいます。

もしも先生方がカミングアウトを受けた場合は、児童生徒のそのような葛藤も踏まえたうえで話を聞きましょう。

　また、近年、同性愛をカミングアウトしたあと、周囲の友人にアウティングをされてしまった大学院生が自殺したとされる痛ましい事件も起こりました。

　このようなことから、児童生徒にアウティングの暴力性について伝えることも重要です。セクシュアリティに限らず、マジョリティ／マイノリティ、どちらの立場に立つこともあるはずだということを伝え、相手の気持ちを想像できるように児童生徒に働きかけましょう。

同じセクシュアリティの人に出会いたい

　現在では、地域やインターネット上などに多くのセクシュアルマイノリティ当事者のコミュニティがあります。同じセクシュアリティの人との交流は、自分らしくいられる時間となったり、悩みを分かち合うことができたり、自分のセクシュアリティをより理解していくためにも役立つでしょう。

　生徒が信頼できるコミュニティに出会えるよう、保健室などで相談機関の紹介など、情報提供のための事前準備が不可欠です（p.59参照）。

コミュニティを探す際の注意点

　インターネットで検索をすると、出会い系サイトや成人向けサイトも出てきます。本人は同じセクシュアリティの人に出会って話をしたい、という気持ちで精神的なつながりを求めていたのに、性行為目的の相手と出会ってしまう可能性もあるのです。

　このような事例を防ぐためにも、保健室などが相談しやすい環境であることが重要です。

巻き込まれやすいトラブル

　セクシュアルマイノリティの多くが、小中高時代にいじめ被害や不登校を経験していることがわかっています（p.76）。

　現在の日本は異性愛を前提とした社会であり、その中で異性愛者でないことは「異質なもの」と見なされたり、当事者は「自分は間違っているのだろうか」「おかしいのだろうか」という悩みを抱えやすかったりする環境にあります。

　学齢期に自己肯定感を十分に育むことができず、自尊感情を傷つけられる経験をすることが、自傷行為につながる場合もあります。

　以上のことから教員やスクールカウンセラーは、いじめ、不登校、希死念慮などの問題の背景に性的指向が関わっている可能性もあることを視野に入れ、対応することが求められます。

　また、性感染症について授業で扱う際には、日本におけるHIV感染者の約７割が男性同性間での性的接触によるものであることや、その背景要因（いじめ被害、不登校、自殺関連行動などの生きづらさ）にもぜひ触れておくことが必要です（参考：p.50、69）。

性別違和感を持つ児童生徒への対応のポイント

性別違和感を持つ児童生徒といっても、必要な対応はその児童生徒によって異なります。性的指向や同性愛と混同することなく留意することはいうまでもありませんが、マニュアル化した対応ではなく、本人の意思を尊重した個別対応を行わなければなりません。

また、児童生徒によっては体を変えたいという気持ちが高まるあまり、インターネットなどの不確かな情報に振り回されてしまったり、日本精神神経学会が作成した「性同一性障害に関する診断と治療のガイドライン」に沿わない治療をするクリニックに引き寄せられてしまったりする場合もあります。

このようなトラブルを未然に防ぐためにも、学校全体で性別の違和感を軽くするための支援や取り組みを行い、男女の性別にとらわれることのない相談しやすい環境をつくることが求められます。

抱えやすい問題

性別違和感を持つ児童生徒は、「なぜ自分はほかの人と違うのだろう」といった自己のアイデンティティーについて悩みを抱えている場合があります。家族や友人とうまくコミュニケーションがとれなくなり、不登校や自殺未遂などを引き起こす場合もあるため、教員やスクールカウンセラーは、いじめ、不登校、希死念慮などの問題の背景に性自認が関わっている可能性もあることを視野に入れて、正しい理解で対応することが求められます。

治療を望む場合

「性同一性障害に関する診断と治療のガイドライン」（第4版）では、ホルモン療法が開始できる年齢を15歳、性別適合手術を受けられる年齢を20歳以上としています。

しかし、二次性徴に伴う体型の変化には不可逆的なものもあり、このような変化が苦痛な場合は、二次性徴の進行を停止させる「二次性徴抑制療法」をとることもできます。

二次性徴抑制療法やホルモン療法、手術を行う際は、十分なカウンセリングが必要となるため、専門医のカウンセリングを受けることが必要です（p.59参照）。

進路指導について

希望する性別での受け入れが可能な進学先についての情報を、あらかじめ入手して準備しておくことが求められます。進学に伴う受験時にも希望する性別で対応してもらえることがわかっていると、本人は安心して受験することができます。

事前準備

性別違和感を持つ児童生徒の在籍を把握している／していないにかかわらず、前もって検討をしておくことができる項目はいくつもあります。

1）制服、水着、体操服などの自由化、もしくは選択肢を用意しておく

　特に水泳時のラッシュガードの着用などはあらかじめ許可しておくと良いでしょう。MTFの児童生徒の場合など、上半身を隠すものがない水着を着用することは、大きな苦痛となります。

2）性別に関係なく利用できる「誰でもトイレ」の設置

「誰でもトイレ」の設置は全国各地で広がっていますが、そのトイレを使用することがカミングアウトにつながってしまうようなデザインは避けるべきでしょう。また当事者の声として「教室から距離があり過ぎて、休み時間に向かうのが難しかった」などという意見もありました。できれば複数箇所に設置するなどの工夫や配慮も必要になります。

3）名簿などを性別で分けない工夫

　名簿を性別で分けないだけではなく、「くん」「さん」と呼び分けず、呼びかける際には「〜さん」に統一している学校もあります。

4）書類性別欄の検討

　性自認が揺れている児童生徒、トランスジェンダーであることを自覚している児童生徒にとっては、性別記入欄は大きなハードルとなりかねません。性別記入欄があるものについては、それが必須かどうかについて改めて検討することも必要です。

5）髪型についての校則がある場合

　児童生徒が性自認に合わせた髪型（頭髪の長さ）で登校できることが大切です。髪型についての校則は、男性観／女性観を押しつけるものになっていないか……という側面での見直しを行い、柔軟に対応しましょう。

6）言葉遣いなど

　児童生徒に向けて「男なのに」「女なのに」という、性別らしさを押しつける発言をしていないかという見直しも大切です。

当事者の児童生徒に合わせた工夫の例

名前	自称名の使用があるか（法的な改名をする場合に、使用の実績が必要となる場合があります）
服装	制服、体操服、水着などの変更は必要か
男女分け	靴箱、班分けがある場合の希望を聞く（そもそも男女に分けない配慮の検討）
健康診断／身体測定／更衣室	個室の確保、順番の工夫などが必要か
修学旅行	宿泊部屋や入浴について個別の確保、順番の工夫が必要か
水泳	ラッシュガードなどの使用、レポートなどへの振り替えが必要か
トイレ	誰でもトイレ、職員トイレなどを使用するかどうか
カミングアウト	上記の対応をする際、周囲の生徒にトランスジェンダーであることを伝えるかどうか（小学校、中学校の時点ですでにカミングアウトをしている場合など）

LGBTQをはじめとする セクシュアルマイノリティ用語集

セクシュアルマイノリティ	その人の性のありようがマジョリティ（多数者）とは異なる場合、セクシュアルマイノリティ（性的少数者）と呼ぶ
体の性	生まれたときの体の性／身体的な特徴で判断される性別 ※中には性分化疾患と呼ばれる、これが定型的だとされる女性・男性の身体とは、生まれつき一部異なる身体の状態の人もいます（p.62参照）。
性自認	自分の性別をどのように認識しているか、性別認識
性的指向	恋愛感情や性的関心の対象となるのはどの性か
性別表現	服装や言動などで表現される性
クエスチョニング	自分の性的指向や性自認などのセクシュアリティがはっきりしていない、揺れ動いている人。もしくははっきりさせないことにしている人
LGBT（LGBTQ）	レズビアン、ゲイ、バイセクシュアル、トランスジェンダー の頭文字を取った言葉。クエスチョニングを加えてLGBTQと表記する場合もある
SOGI（ソジ、ソギ）	性的指向と性自認（Sexual Orientation and Gender Identity）の頭文字を取った言葉
カミングアウト	これまで公にしていなかった自分の性的指向を自分の意思でほかの人に伝えること。クローゼットから表に出ていくことが語源とされている
アウティング	他人の秘密を、本人の許可なく他者に伝えること
性自認／性別表現に関わる用語	
トランスジェンダー	生まれたときの体の性とは異なる性を生きる人たちの総称
性同一性障害	体の性に違和感、不快感を持ち、体を変え、性自認と一致した性で生きたいと強く望む人が治療を受ける際の疾患名
性別適合手術	当事者の内外性器を、本人の性同一性に近づけるための手術
クロスドレッサー	本人の性自認とは異なる性の装いをする人。トランスヴェスタイトという呼び方もある
MTF（Male to Female）	体の性が男性として生まれ、性自認が女性の人。女性として生きる／生きたい人
FTM（Female to Male）	体の性が女性として生まれ、性自認が男性の人。男性として生きる／生きたい人
Xジェンダー	男性、女性、どちらでもない、もしくは、どちらでもある性別として生きたい人
ジェンダーフルイド	固定的な性自認を持たず、流動的な性を自認して生きる人
性的指向に関わる用語	
異性愛者（ヘテロセクシュアル）	性的指向が異性に向いている人
同性愛者（ホモセクシュアル）	性的指向が同性に向いている人。男性同性愛者の場合は「ゲイ」、女性同性愛者の場合は「レズビアン」という
両性愛者（バイセクシュアル）	性的指向が異性と同性の両方に向いている人
全性愛者（パンセクシュアル）	相手の性別、セクシュアリティにかかわらずすべての人が性愛の対象となる人
無性愛者（アセクシュアル）	性愛の対象となる性を持たない人

注意点
・「ホモ」「レズ」「おかま」「おとこおんな」などは、差別的、侮蔑的に使われることの多い言葉です。セクシュアルマイノリティ当事者があえて使う場合もありますが、第三者が使う場合は差別的と受け取られることが多い言葉ですから、教育の場で先生自らが使わないようにしましょう。

「多様な性と生活についてのアンケート調査」より

三重県男女共同参画センターと宝塚大学看護学部 教授 日高庸晴による共同研究
アンケート対象：三重県立高等学校49校（有効回答数 10,063人／有効回収率 90.3%／2017年実施）

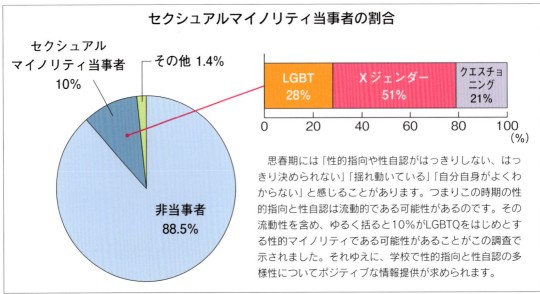

思春期には「性的指向や性自認がはっきりしない、はっきり決められない」「揺れ動いている」「自分自身がよくわからない」と感じることがあります。つまりこの時期の性的指向と性自認は流動的である可能性があるのです。その流動性を含め、ゆるく括ると10%がLGBTQをはじめとする性的マイノリティである可能性があることがこの調査で示されました。それゆえに、学校で性的指向と性自認の多様性についてポジティブな情報提供が求められます。

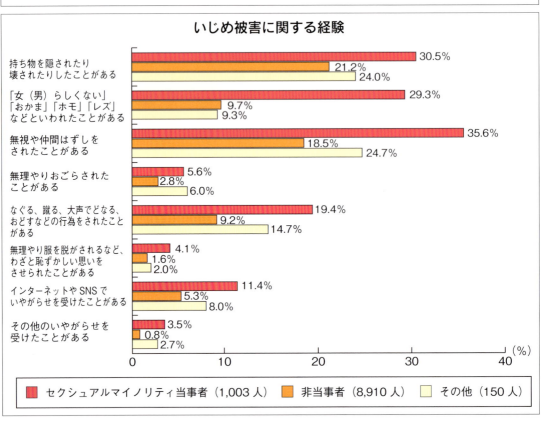

「LGBT当事者の全国インターネット調査―いじめ・職場環境問題―」より

宝塚大学看護学部 教授 日高庸晴
アンケート対象：LGBTをはじめとするセクシュアルマイノリティ当事者（15,064人／2016年実施）

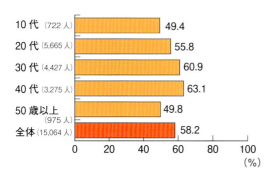

いじめ被害経験がある（「はい」の回答の割合）

- 10代（722人）：49.4
- 20代（5,665人）：55.8
- 30代（4,427人）：60.9
- 40代（3,275人）：63.1
- 50歳以上（975人）：49.8
- 全体（15,064人）：58.2

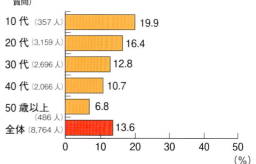

いじめにあっていた時、先生はいじめの解決に役にたってくれたと思うか
（いじめ被害経験が「ある」と答えた人への質問）（「はい」の回答の割合）

- 10代（357人）：19.9
- 20代（3,159人）：16.4
- 30代（2,696人）：12.8
- 40代（2,066人）：10.7
- 50歳以上（486人）：6.8
- 全体（8,764人）：13.6

これまでの学校生活（小・中・高）で、不登校になったことがありますか？
（「はい」の割合）（％）

	10代	20代	30代	40代	50歳以上	全体
レズビアン女性（372人）	30.4	28.2	22.1	8.5	10.0	23.4
ゲイ男性（9,849人）	28.8	22.1	20.0	16.6	11.8	19.6
バイセクシュアル男性（1,585人）	24.6	18.8	14.8	14.7	8.9	17.1
バイセクシュアル女性（219人）	31.6	28.8	25.0	27.3	0.0	26.9
MTF（178人）	57.1	34.5	29.1	29.2	46.2	33.1
FTM（98人）	58.3	36.8	22.7	16.7	0.0	34.7
Xジェンダー（MTX）（1,161人）	35.1	31.0	24.1	22.8	7.3	26.9
Xジェンダー（FTX）（332人）	68.0	26.1	23.2	20.0	0.0	27.1
そのほか（1,270人）	35.0	26.7	28.6	21.4	18.5	26.5
合計（15,064）	31.9	23.5	20.9	17.4	12.0	21.1

「刃物でわざと自分の身体を切るなどして傷つけた」経験はありますか？
（「はい」の割合）（％）

	10代	20代	30代	40代	50歳以上	全体
レズビアン女性（372人）	47.8	27.6	18.9	8.5	10.0	23.1
ゲイ男性（9,849人）	16.9	12.0	8.1	4.9	3.2	8.6
バイセクシュアル男性（1,585人）	15.3	8.9	6.0	6.7	3.8	8.1
バイセクシュアル女性（219人）	42.1	27.0	18.3	9.1	28.6	24.2
MTF（178人）	42.9	18.2	10.9	14.6	7.7	15.2
FTM（98人）	50.0	35.1	31.8	0.0	0.0	33.7
Xジェンダー（MTX）（1,161人）	27.7	16.9	9.3	6.6	1.8	13.2
Xジェンダー（FTX）（332人）	48.0	32.9	20.0	8.9	0.0	26.5
そのほか（1,270人）	28.8	17.9	11.2	8.2	0.0	14.0
合計（15,064）	22.9	14.2	9.1	5.6	3.3	10.5

CD-ROMの使い方

◇ご使用上の注意

《動作環境》

・PowerPoint2010以降、PowerPoint For Mac 2016以降。

・CD-ROMドライブ必須。

・メモリ512MB以上を搭載したパソコンを推奨。

《ご使用上の注意》

・収録しているテンプレートはMicrosoft PowerPointで作成しています。お使いのOSやアプリケーションのバージョンによっては、レイアウトなどが崩れることがありますが、ご使用の環境に合わせて修正してご利用ください。

・CD-ROMの裏面に傷をつけると、データが読み込めなくなる場合がございますので、取り扱いには十分ご注意ください。

・このCD-ROM内に収録しているデータについてのサポートは行っておりません。

・カラーのスライド見本やイラストは、パソコン、プリンターの設定、環境等により、色調などが掲載と異なる場合がございます。

・このCD-ROMを音楽用のCDプレーヤー等で使用すると、機器に故障が発生する恐れがあります。パソコン以外には入れないでください。

◇基本操作（Windowsの場合）

巻末のCD-ROMには、本書に掲載されたパワーポイントシナリオと資料を収録しています。

1）CD-ROMドライブにCD-ROMを入れます。

2）CD-ROMの中には、右ページのようなフォルダ、ファイルがあります。

3）フォルダは章ごとに分類されていますので、利用したい章のフォルダを開き目的のファイルを選択してください。

CD-ROMの構成

◇ファイル、フォルダの構成

1_shogakusei_powerpoint （２章小学生向けのパワーポイント３本を収録）

2_shogakusei_pdf （２章小学生向けのワークシート類を収録）

3_chukou_powerpoint （３章中高生向けのパワーポイント７本を収録）

4_chukou_pdf （３章中高生向けのワークシート類を収録）

5_kyoshokuin_powerpoint （４章教職員向けのパワーポイントを収録）

【著作権に関しまして】

・本書に掲載している、すべてのパワーポイントシナリオ、ワークシート、配布用資料、グラフ、イラスト及び、付属のCD-ROMに収録しているデータの著作権・使用許諾権は、弊社及び著作権者に帰属します。なお複製使用の許諾については、株式会社少年写真新聞社にお問い合わせください。学校内での使用、児童生徒、保護者向けの配布物などに使用するなどの教育利用が目的であればご自由にお使いいただけます。それ以外が目的の使用、ならびにインターネット上での使用（メール添付による転送、教材サイトなどへの共有など）はできません。

・図書館でのCD-ROMの貸し出しは禁止させていただきます。

【そのほか】

・CD-ROM内のデータ、あるいはプログラムによって引き起こされた問題や損失に対しては、弊社はいかなる補償もいたしません。本製品の製造上での欠陥につきましてはお取りかえしますが、それ以外の要求には応じられません。

Windows、PowerPointはMicrosoft corporationの米国その他の国における登録商標または商標です。

パワーポイントの内容や枚数を改変することはお控えください

　性的指向と性自認の多様性やLGBTQをはじめとするセクシュアルマイノリティについて学ぶ上で重要なのは、発達段階に応じて適切な概念や情報を積み上げて学んでいくことです。

　本書の内容はそれらに配慮した上で構成されています。そのため、パワーポイントの内容や構成順を改変・削除することは、ご遠慮ください。必要な情報が児童生徒に伝わらないと、不十分な理解になるばかりか、誤解を与えてしまいかねません。

　また、調査データの場合はパワーポイントの右下等に出典を示しております。映写時や配付資料として使用する場合も表記を残したままご活用ください。ご不明な点があれば、少年写真新聞社までお問い合わせください。

■監修／著者

日高 庸晴

現職：宝塚大学看護学部 教授、日本思春期学会 理事

略歴：京都大学大学院医学研究科で博士号（社会健康医学）取得。カリフォルニア大学サンフランシスコ校医学部エイズ予防研究センター研究員、公益財団法人エイズ予防財団リサーチレジデントなどを経て現職。

法務省企画の人権啓発ビデオの監修や、文部科学省が2016年4月に発表した性的指向と性自認に関する教職員向け資料の作成協力、文部科学省幹部職員研修、法務省の国家公務員人権研修、人事院のハラスメント研修などの講師を務め、国や自治体の事業に従事している。

■監修

宝塚市立長尾小学校　船曳奈保子

　小学校向け授業展開案（p.12 ～ 25）

奈良県高等学校人権教育研究会・奈良県立畝傍高等学校　河合隆次

　中学校、高等学校向け授業展開案（p.28 ～ 58）

■参考資料

『人権教育の手引き3：多様な性を理解し、ともに生きるために』糸島市教育委員会

『LGBTQを知っていますか？"みんなと違う"は"ヘン"じゃない』少年写真新聞社

パワポ

CD-ROM付き

LGBTQをはじめとする セクシュアルマイノリティ授業

2019 年 11 月 25 日　　初版第 1 刷発行
2024 年　1 月 15 日　　　　第 2 刷発行
監著者　日高庸晴
発行人　松本 恒
発行所　株式会社 少年写真新聞社
　　　　〒102-8232　東京都千代田区九段南3-9-14
　　　　TEL 03-3264-2624　FAX 03-5276-7785
　　　　URL http://www.schoolpress.co.jp/
印刷所　図書印刷株式会社
©Yasuharu Hidaka 2019 Printed in Japan
ISBN 978-4-87981-691-7　C3037

本書の訂正・更新情報を、弊社ホームページに掲載しています。
https://www.schoolpress.co.jp/「少年写真新聞社　本の情報更新」で検索してください。
本書を無断で複写・複製・転載・デジタルデータ化することを禁じます。
乱丁・落丁本はお取り替えいたします。定価はカバーに表示してあります。

スタッフ　編集：森田 のぞみ　DTP：金子 恵美　校正：石井 理抄子　装丁：井元 ひろい　イラスト：佐竹 歩美　編集長：東 由香